Sebastian Herrmann

Über alle Berge

PIPER

Mehr über unsere Autoren und Bücher:
www.piper.de

MIX
Papier aus verantwortungsvollen Quellen
FSC® C083411
FSC
www.fsc.org

Ungekürzte Taschenbuchausgabe
1. Auflage März 2012
2. Auflage März 2015

erschienen im Verlagsprogramm Malik
Umschlaggestaltung: Birgit Kohlhaas, Egling
Illustrationen Umschlag und Innenteil: Diana Lukas-Nülle
Satz: Kösel, Krugzell
Gesetzt aus der Whitman
Papier: Pamo Super von Arctic Paper Mochenwangen GmbH, Deutschland
Druck und Bindung: CPI books GmbH, Leck
Printed in Germany ISBN 978-3-492-27334-3

Ein Buch über die Berge

Das Ettaler Manndl thront nackt über dem Kloster Ettal. Blanker Fels leuchtet vor dramatischem Himmel. Wolkenfetzen hüllen das Haupt des stolzen Mannes, dessen massiver Leib einst aus dem Kalk der Urmeere auferstand. Böen zausen die verkrüppelten Latschen rings um den Fels. Dohlen lassen ihren krächzenden Ruf wie Hohnlachen erschallen, als würden sie dem einsamen Bergsteiger spotten. In den schwarzen Vögeln leben die Seelen der Toten, raunen die Einheimischen – die Seelen der Toten, die nicht lassen konnten vom schroffen Ettaler Manndl.
Wer ein Buch über das Gebirge schreibt, der darf nicht an theatralischen Formulierungen sparen. Ein Bergautor muss dick auftragen und von Dramatik berichten. Die Berge sollten stets stolz, unnahbar und gefährlich sein. Abgründe müssen unendlich tief erscheinen und die Gipfel stets unerreichbar in den Himmel ragen. Von Todesgefahr, Felsfestungen, eisernem Willen, Beinahe-Katastrophen, Sehnen, Bangen und Bergkameradschaft sollte in einem Buch über die Berge die Rede sein. Aber doch nicht vom Ettaler Manndl, um Gottes willen!

Lassen wir die Klischees, Angebereien und esoterischen Überhöhungen des Berges also beiseite und betrachten die Fakten: Das Ettaler Manndl in den Ammergauer Alpen erreicht eine Höhe von 1633 Metern und zählt zu jenen Ausflugsbergen, die von München aus bequem erreichbar sind. Es handelt sich um einen besseren Hügel, dessen Besteiger nach vollbrachter Tat nicht über schwere Kletterpassagen, Stehbiwaks, abgefrorene Gliedmaßen oder die sogenannte Weiterentwicklung des Alpinismus diskutieren. Diese Menschen schwärmen stattdessen vom Kaiserschmarrn in der nahen Laber-Gipfelgaststätte und machen sich Sorgen, dass es auf der Rückfahrt auf der Garmischer Autobahn Stau geben könnte.

Das also ist das Ettaler Manndl – ein Ausflugsberg, ein Nichts im Angesicht der Felsgiganten, von denen die Helden des Alpinismus in der gängigen Bergliteratur berichten. Und ich habe meine schlimmste Niederlage als Bergsteiger an diesem Ettaler Manndl erlitten. Deshalb beginnt dieses Bergbuch mit einem Ausflugshügel.

Meine Eltern stiegen mit mir auf das Ettaler Manndl. Ich muss etwa sechs Jahre alt gewesen sein. Es war anstrengend. Und wie Kinder das in solchen Situationen nun einmal tun, wurde auch ich bald anstrengend. Ich nörgelte mich den Hang hinauf und ließ die Nerven meiner Eltern erodieren. An einer verschlossenen Hütte im Wald machten wir irgendwann Pause, aßen belegte Brote und tranken Apfelsaft.

Vom Tal aus ist das Ettaler Manndl gut zu erkennen. Wie der Name es verlangt, steht der Felsen wie eine einsame Figur auf dem Bergrücken. Als wir direkt an seinem Fuß standen, waren die Schmerzen des Aufstiegs vergessen. In mir machte sich Begeisterung breit, ein echter Berg, kein langweiliger Pfad durch einen Fichtenwald. Neben der Wegmarkierung für die letzten Höhenmeter auf das Haupt des Manndls war ein Schild angebracht. „Nur für Geübte" stand darauf.

„Man braucht ein Seil, um dort hinaufzusteigen", sagte mein Vater. „Aber wir haben keins dabei." Er versuchte meine offensichtliche Kletter-Euphorie durch einen Hinweis auf die mangelnde Ausrüstung zu ersticken.

Ich hielt ihm meinen Kindergürtel mit der Piraten-Schnalle hin. Das sei doch ein passabler Ersatz für ein Seil. Ich wollte auf diesen Berg. Mein Vater schüttelte den Kopf. Er sicherte mich stattdessen, indem er mich am Kragen packte und vom Felsen pflückte. Ich strampelte, schrie und wollte nicht einsehen, dass ein Sechsjähriger noch nicht zur Gruppe der Geübten zählt. Immerhin zeigte ich mich in der Disziplin „Selbstüberschätzung am Berg" sehr reif für einen Jungen in diesem Alter.

Der Abbruch auf den letzten Metern vor dem Gipfel für Geübte ist bis heute meine schlimmste Niederlage als Bergsteiger. Bis jetzt habe ich das Ettaler Manndl nicht bezwungen, diesen Kaiserschmarrn-Ausflugs-Wochenend-Gipfel. Jedes Mal wenn ich die Garmischer Autobahn Richtung Süden fahre, erinnert mich der Blick auf die Felsgestalt an mein Scheitern. Der Felsen über Ettal reißt die alte Wunde immer wieder auf. Denn wenn ich gegenüber auf der Hohen Kiste im Estergebirge unter dem Gipfelkreuz sitze, grüßt das Manndl herüber. Die Tour auf die Hohe Kiste habe ich in den vergangenen Jahren mindestens fünfzehn Mal gemacht. Diese Runde mit dem Mountainbike ist perfekt, wenn erst am späten Nachmittag Zeit ist. Das Ettaler Manndl und ich führen eine distanzierte Beziehung. Wir fühlen uns einander verbunden, blicken uns gegenseitig über die A95 hinweg an und lassen uns ansonsten gegenseitig in Ruhe.

An anderen Bergen habe ich weitere Niederlagen gesammelt – am Brauneck, am Hochkönig, in den Stubaier Alpen und schließlich bei einer katastrophalen Trekkingtour durch den Karakorum im Norden Pakistans. Eine Weile haben mich die Berge dann gar nicht mehr interessiert. Bis mir eine Mountainbiketour durch den Regen im Karwendel meine körperlichen Grenzen gezeigt und trotzdem die Begeisterung für die Berge zurückgeschenkt hat.

Gibt es auch Glanztaten zu berichten? Ich habe als Bergsteiger, Alpenradler, Skitourengeher oder Snowboarder nichts geleistet, was nicht täglich unzähligen anderen Hobby-Alpinisten gelingt. Trotzdem ist dies ein Buch über die Berge. Die Berge erzählen zu viele großartige Geschichten, um sie zu verschweigen. Dieses Buch versammelt Fakten, Anekdoten, Geschichten und Legenden rund um die Berge und Bergsteiger dieser Welt. Es türmt ein Gebirge alpinen Wissens auf, ohne Anspruch auf Vollständigkeit zu erheben. Was fehlt, befindet sich in einem anderen fernen Höhenzug und wartet dort darauf, dass es von anderen entdeckt wird. Dieses Buch ist ein Klettersteig aus Buchstaben, auf dessen Route geologische Besonderheiten, spektakuläre Expeditionen, absonderliche Mythen und unbekannte Glanzstücke des Alpinismus liegen. Es sind kleine Aussichten in die Panoramen der Berge.

Alpine Pubertät

Die Zeit vor der Erstbesteigung des Montblanc 1786 wird in der wissenschaftlichen Literatur auch als »Präalpinismus« bezeichnet. Die erstmalige Begehung des höchsten Alpengipfels gilt vielen als Schlüsselmoment in der Entwicklung des Alpinismus.

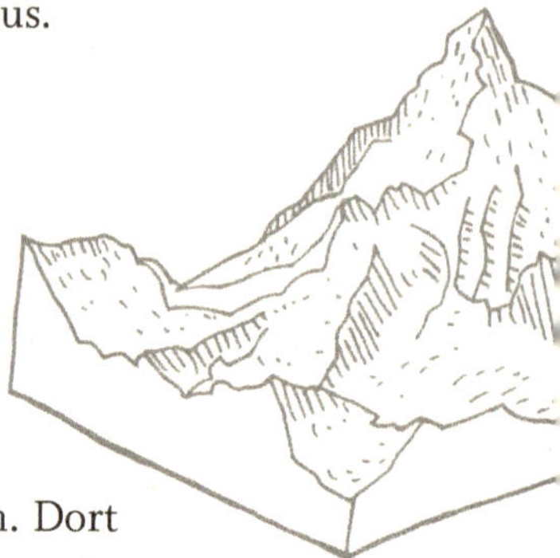

Der eiserne Alpinist

Früher waren die Menschen in vielen Gegenden der Alpen überzeugt, es sei unmöglich, auf einem Gipfel zu übernachten. Dort eine Nacht zu verbringen bedeute den sicheren Tod. Überhaupt müsse man sich schon glücklich schätzen, wenn einem in der großen Höhe nicht schon bei Tage der Kopf platze, war eine gängige Überzeugung. Von einem sagenhaften und unbekannten Erstbesteiger des Lagginhorns (4010 Meter) in den Walliser Alpen berichtet die Legende, dieser habe sich einen eisernen Ring um die Stirn schmieden lassen, damit sein Schädel nicht platzte.

Auf der Pirsch

Der Asiatische Kragenbär tötet mit einer perfiden List. Trifft er im Winter an den Hängen des Himalaja auf

Kaschmirhirsche, rollt er sich an einem Hang über der Herde zu einer Kugel zusammen und stürzt sich hinab. Da der Schnee in seinem Fell haften bleibt, kapieren die Hirsche erst, dass da keine Schneekugel auf sie zukommt, wenn es für mindestens einen von ihnen zu spät ist – ein fast perfektes Verbrechen.

Heil-Knäuel

Gämsen wurden in den Alpen lange Zeit nicht nur wegen ihres Fleisches, ihrer Haut und ihres Fells gejagt. Man stellte dem ziegenartigen Wild auch wegen der sogenannten Gämskugeln nach. Diese wurden auch »Deutsche Bezoare« genannt. Der Begriff stammt aus dem Arabischen und bezeichnet einen harten Ball aus unverdaulichen Materialien wie etwa Haaren oder Pflanzenfasern, die sich im Magen von Tieren sammeln. Liegen diese Knäuel sehr lange im Magen, bildet sich eine harte Kruste um sie herum – in diesem Fall werden sie als Bezoar-Stein bezeichnet. Diesen Steinen sprach man einst magische Fähigkeiten zu. Mit ihnen ließen sich vergiftete Getränke wieder genießbar machen, hieß es zum Beispiel. Zu diesem Zwecke schufen Handwerker wertvolle Schmuckstücke aus Bezoar-Steinen, die in mutmaßlich tödliche Getränke getunkt wurden. Natürlich halfen die Steine nicht. Stattdessen waren sie für Gämsen tödlich, die ihretwegen gejagt wurden. Auch dem Gamsblut trauten die Menschen einst besondere Heilkraft zu.

Auf einem anderen Kontinent

Das Ennedi-Plateau liegt im Nordosten des afrikanischen Staates Tschad. Das Plateau gleicht einer Bastion aus Sandstein, die unter Dauerbeschuss der Sahara liegt. Der vom Wind angetriebene Sand schleift den Fels beständig ab. In dieser unwirtlichen Umgebung entsprang einst der Amazonas – ja, der Amazonas, das gigantische Flusssystem, das auf einem anderen Kontinent, Südamerika, liegt. Vor mehr als 130 Millionen Jahren waren Afrika, Südamerika sowie Australien, der indische Subkontinent und die Antarktis noch im Superkontinent Gondwana verbunden. Damals entsprang der Uramazonas vermutlich im heutigen Ennedi-Massiv. Der Strom floss damals in entgegengesetzter Richtung, also von Osten nach Westen, und mündete im Vorläufer des heutigen Pazifik. Der Uramazonas muss etwa 14 000 Kilometer lang gewesen sein. Das macht ihn zum längsten bekannten Flusssystem der Erdgeschichte.

Berge und ihre Namen 1: Mann und Frau

- Fotzenkarstange, Ötztaler Alpen, Österreich, 3021 Meter
- Geilstange, Ötztaler Alpen, Österreich, 2754 Meter
- Großer Möseler, Zillertaler Alpen, Österreich/Italien, 3478 Meter

- ▲ Haut Sex, Wallis, Schweiz, 1961 Meter
- ▲ Le Grand Sex, Waadt, Schweiz, 2227 Meter
- ▲ Östliches Dirndl, Dachstein, Österreich, 2818 Meter
- ▲ Pederfick, Ortlergruppe, Italien, 3114 Meter
- ▲ Piz Miez, Graubünden, Schweiz, 3119 Meter
- ▲ Poppberg, Fränkische Alb, Deutschland, 652 Meter
- ▲ Rammelsberg, Harz, Deutschland, 635 Meter
- ▲ Sex Frei, Wallis, Schweiz, 2755 Meter
- ▲ Sex Noir, Wallis, Schweiz, 2731 Meter
- ▲ Single, Wallis, Schweiz, 2128 Meter
- ▲ Spitz Mann, Nidwalden, Schweiz, 2578 Meter
- ▲ Zahmi Frau, Kanton Bern, Schweiz, 2815 Meter

Die Opfer der Größten

Die Achttausender des Himalaja und Karakorum haben zahlreiche Menschenleben gefordert. Die Zahl der Bergsteiger, die an den höchsten Gipfeln der Erde gestorben sind, hat sich in den vergangenen Jahren drastisch erhöht. Früher war eine Expedition zu Mount Everest, K2, Nanga Parbat und den anderen Giganten ein nur wenigen und vor allem sehr guten Alpinisten vorbehaltenes Abenteuer. Mit der touristischen Erschließung der Gebiete hat sich die Zahl der Bergsteiger dort stark erhöht. Allein zwischen 2004 und 2008 bestiegen mehr Menschen den Mount Everest als in allen Jahren zuvor zusammen. Mittlerweile ist Geld wichtiger als Kondition und Können: Wer es sich leisten kann, bucht sich für ein paar Zehntausend Dollar eine Tour auf den Everest. Dabei kommt es allerdings immer wieder zu Todesfällen.

Die Achttausender der Welt, die Zahl der erfolgreichen Besteigungen und die der Todesfälle (Verunglückte Bergsteiger werden nur aufgeführt, wenn der Unfall oberhalb des Basislagers passierte; unter den Todesfällen sind sowohl Bergsteiger, die beim Aufstieg, als auch solche, die nach dem Gipfel beim Abstieg verunglückten; Stand Ende 2008):

† Mount Everest, 8850 Meter, 4054 Besteigungen, 211 Tote

† Cho Oyu, 8201 Meter, 2758 Besteigungen, 41 Tote

† Gasherbrum II, 8035 Meter, 868 Besteigungen, 19 Tote

† Broad Peak, 8047 Meter, 380 Besteigungen, 20 Tote

† Dhaulagiri, 8167 Meter, 377 Besteigungen, 60 Tote

† Lhotse, 8516 Meter, 368 Besteigungen, 11 Tote

† Manaslu, 8163 Meter, 362 Besteigungen, 54 Tote

† Nanga Parbat, 8125 Meter, 300 Besteigungen, 66 Tote

† K2, 8611 Meter, 267 Besteigungen, 77 Tote

† Shisha Pangma, 8027 Meter, 280 Besteigungen, 23 Tote

† Gasherbrum I, 8068 Meter, 272 Besteigungen, 26 Tote

† Makalu, 8463 Meter, 286 Besteigungen, 28 Tote

† Kangchendzönga, 8586 Meter, 211 Besteigungen, 40 Tote

† Annapurna, 8091 Meter, 146 Besteigungen, 59 Tote

Gut gewässert

Ein gut gewässertes Gebirge wächst schneller. So haben sich die Anden am Rand des Amazonasbeckens in den vergangenen drei Millionen Jahren außergewöhnlich schnell gehoben. Dort gehen besonders starke Niederschläge nieder. Diese verringern durch Erosion die Masse der Berge, die dadurch schneller durch die immensen Kräfte der Plattenbewegungen emporgehoben werden. Den gleichen Effekt haben Geologen der Universität Yale in der Kaskadenkette an der Westküste der USA beobachtet. Auf den westlichen Flanken der Berge rings um den Mount Rainier bei Seattle fällt wegen der feuchten Luft vom Pazifik besonders viel Regen.

Mini-Mini-Matterhorn

Das Matterhorn ist die Ikone der Alpen. Unzählige Fotos, Bildbände und Kalender zeigen den 4478 Meter hohen Gipfel. Schweizer und amerikanische Forscher haben im Frühjahr 2010 ein Nano-Matterhorn geschaffen, das nur 25 Millionstel Millimeter groß ist. Mit extrem feinen Spitzen aus Silizium frästen David Pires und seine Kollegen vom IBM-Forschungslabor in Rüschlikon bei Zürich die filigranen Strukturen aus Glas und Kunststoff. Mit der gleichen Technik ritzten die Forscher auch eine komplette dreidimensionale Weltkarte in einen Plastikfilm. Mit nur 22 Millionstel

Meter Breite würden etwa tausend dieser Karten auf ein einziges Salzkorn passen.

Archäologische Funde

Der Llullaillaco im Grenzgebiet zwischen Argentinien und Chile vereint mindestens drei Superlative auf sich. Der 6739 Meter hohe Berg ist nach dem Ojos del Salado und dem Monte Pissis der dritthöchste Vulkan der Welt. Der Llullaillaco hat den höchsten nicht vergletscherten Gipfel der Erde. Außerdem wurden auf dem Llullaillaco die höchstgelegenen archäologischen Funde der Welt gemacht. Die Inkas hatten den Berg in der Zeit vor 1500 bestiegen. Auf dem Gipfel des Vulkans errichteten sie Kultbauten, in denen religiöse Zeremonien und Opferungen stattfanden. Bis heute befinden sich dort eine Treppe, die Ruinen mehrerer kleiner Steinhäuser und einige Terrassen. Eine Expedition von Bergsteigern und Archäologen unter der Leitung des amerikanischen Anthropologen Johan Reinhard entdeckte 1999 auf dem Llullaillaco die tiefgefrorenen Mumien von drei Kindern, die dort vor etwa 500 Jahren geopfert worden waren. Dreizehn Tage lang arbeitete das Team an der schwer zugänglichen Grabungsstätte und ertrug dabei Temperaturen von bis zu minus 37 Grad Celsius. Neben fast vierzig Figuren fanden die Forscher Töpferwaren, Lebensmittel, Beutel mit Kokablättern und andere Grabbeigaben.

Alpin-Akupunktur

Die Gletschermumie aus dem Ötztal begeisterte nicht nur Archäologen, Ötzi regte auch die Phantasie einiger Alternativmediziner an. Auf dem Körper des Mannes, der vor etwa 5300 Jahren in den Alpen sein Leben ließ, fanden Forscher zahlreiche Tätowierungen. Diese zeigten jedoch keine Bilder, sondern bestanden aus zahlreichen Linien und Punkten. Scheinbar gliederten sich diese Darstellungen in fünfzehn einzelne Gruppen. Frank Bahr von der Deutschen Akademie für Akupunktur und Aurikulomedizin argumentierte, dass die Markierungen in der Haut der Gletscherleiche zu achtzig Prozent jenen Positionen entsprächen, die heute in der Akupunktur mit Nadeln traktiert werden. Da sich die Haut während der mehr als 5000 Jahre, die Ötzis Leiche im Eis gelegen hatte, verzogen hatte, könnten sämtliche Tätowierungen Akupunkturpunkte markieren, spekulierte Frank Bahr. Sicher habe einst ein Heiler die Markierungen angebracht. 1999 publizierte der Mediziner mit anderen Kollegen seine Ansicht über die Tätowierungen in der angesehenen Fachzeitschrift *The Lancet*. Behandlungsbedürftig wäre Ötzi immerhin gewesen: Ihn plagte Arthritis in der Gegend der Lendenwirbel, und in seinem Darm hausten zahlreiche Peitschenwürmer, die schwere Probleme bereitet haben dürften. Ob gegen diese Beschwerden eine prähistorische Akupunktur half? Kritiker halten die These von den auftätowierten Akupunkturpunkten für blanken Unsinn. In China dürfte diese Meinung sicher unterstützt werden, denn dort reklamiert man die Erfindung der Akupunktur für sich.

Prähistorische Ausrüstung

Ausrüstungsgegenstände, die bei der 5300 Jahre alten Gletschermumie Ötzi in den Ötztaler Alpen gefunden wurden: *Jacke* aus Ziegenfell * *Hose* aus Ziegenfellstücken, mit Tiersehnen vernäht * *Gürtel* aus Kalbsleder * *Lendenschurz* * *Schuhe*, Sohlen aus Bärenfell, Obermaterial Hirschfell, Innenschuh aus Lindenbastgeflecht, Isolierung und Polsterung aus Grasfasern * *Beil* aus Kupfer * *Bogen* aus Eibenholz * zwölf *Pfeile* aus dem Holz des Wolligen Schneeballs mit Pfeilspitzen aus Feuerstein * *Dolch*, Klinge aus Feuerstein, Griff aus Eschenholz * *Kraxe* * zwei *Gefäße* aus Birkenrinde, wovon eines als Glutbehälter diente * *Gürteltasche* * *Klingenkratzer* * *Bohrer* * zerbrochene *Klinge* * *Ahle*, ein Werkzeug, um Löcher in Materialien zu stechen * *Zunder* * mehrere *Birkenporlinge* (Pilze) * gelochte *Steinscheibe*, mit Riemen gebunden

Die Stasi am Gipfel

In der DDR interessierte sich die Staatssicherheit für die Gipfelbücher von den Bergen des Lan-

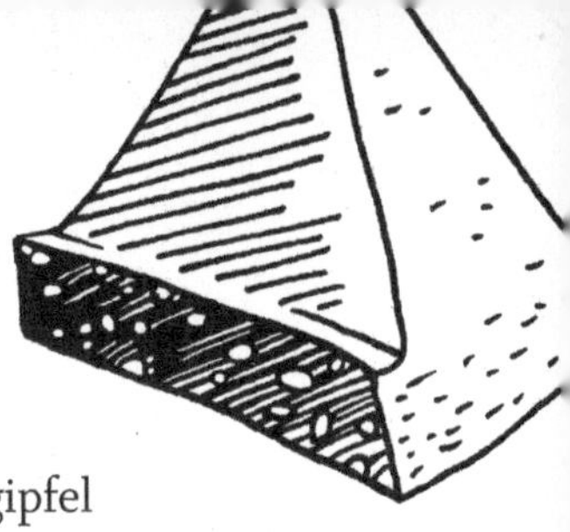

des. Alleine in der Sächsischen Schweiz gibt es mehr als tausend Gipfel, die nur für Kletterer zugänglich sind. Fast alle sind seit Anfang des 20. Jahrhunderts mit Gipfelbüchern ausgestattet, ebenso die Klettergipfel in der Böhmischen Schweiz, im Erzgebirge, im Zittauer und Lausitzer Gebirge sowie im Harz. Unter Kletterern ist es dort seit jeher verpönt, mehr als seinen Namen, das Datum und die Route zum Gipfel in die Bücher einzutragen. Nur denjenigen, die sich am Anfang eines Jahres als Erste eintragen, ist zusätzlich ein launiger Spruch gestattet. Weil die Bücher auf den Klettergipfeln schwer zugänglich sind, trugen Wanderer und Bergsteiger in der Zeit vor 1989 an Neujahr dort oft anonym regimekritische Sprüche ein. Mitarbeiter der Stasi mussten hinterherklettern, um nachzusehen.

Gipfelbuch des Meurerturms, 1989 »Es ist unerträglich, in einem Land zu leben, in dem man keinen Humor kennt. Aber noch unerträglicher ist ein Land, in dem man Humor braucht.«

Gipfelbuch des Falkenturms, 1988 »Von der Ostsee bis nach Sachsen – kein Berg ist uns gewachsen. Von Osten nach Westen – das können wir nicht testen.«

Gipfelbuch des Heringshorns, 1987 »O Heringshorn, Du schöner Gipfel, doch von der Welt ein kleiner Zipfel. Die Welt ist schön, so groß und weit, und wer sie kennt, der hat viel Freud. Doch diese Freude ist hier rar: Wir sitzen fest in GDR.«

Gipfelbuch des Sommerturms, 1985 »Wenn eine Führerpersönlichkeit A sagt, und dabei den Arsch offen hat, dann kann das angeführte Volk durch sie hindurch in die lichte Zukunft schauen.«

Väter des Alpinismus

In einem Brief, den Francesco Petrarca an seinen Freund Francesco Dionigi schrieb, berichtete er, wie er am 26. April 1336 den Mont Ventoux in der Provence bestieg. Der Brief gilt als Schlüsseltext der Geschichte des Bergsteigens. Ob Petrarca den Berg tatsächlich bestiegen hat, wird mittlerweile bezweifelt. Sicher ist, dass er den Brief vordatierte. In dem Brief heißt es, er habe den höchsten Berg bestiegen, »lediglich aus dem Verlangen, die namhafte Höhe des Ortes kennenzulernen«. Die Ausführung ergab sich aus einem wachsenden Ruf des Berges: »Allmählich ward mein Verlangen ungestüm, und ich schritt zur Ausführung.« Im gleichen Brief verurteilte der Autor das Bergsteigen allerdings auch als unsinnig. Ganz der moderne Alpinist.

Alpin-Vokabeln – Lektion 1: Berg und Tal

Bergrücken bezeichnet eine lang gestreckte, einachsige und konvexe Aufwölbung einer Fläche. Der Querschnitt des Bergrückens zeigt einen Scheitelpunkt von abgerundeter Form.

Gipfelflur bezeichnet das Phänomen, dass in vielen Gebirgen die höchsten Gipfel in etwa auf einem Höhenniveau liegen. Dabei wird eine Schwankungsbreite von bis zu 300 Höhenmetern akzeptiert.

Grat bezeichnet einen scharfen Bergrücken, der nach zwei Seiten hin steil abfällt.

Guyot bezeichnet den an der Spitze abgeflachten Kegel eines erloschenen untermeerischen Vulkans. In den Ozeanen existieren laut Schätzungen etwa 10 000 Guyots.

Hängetal bezeichnet ein Seitental, das oberhalb des Haupttals liegt und über eine hohe Stufe in dieses abbricht beziehungsweise mündet.

Härtling bezeichnet einen Berg, dessen Gestein so hart beziehungsweise widerstandsfähig ist, dass er allein Verwitterung und Erosion getrotzt hat und deshalb markant aus der Landschaft herausragt. Der Devils Tower im US-Bundesstaat Wyoming ist ein besonders beeindruckender Härtling.

Inselberg bezeichnet einen einzelnen Berg, der sich wie ein Eiland aus einer ansonsten flachen Umgebung erhebt.

Joch bezeichnet eine Einkerbung im Gebirge, die zwei Gipfel miteinander verbindet. In manchen Gegenden der Alpen taucht der Begriff auch als Bestandteil in Bergnamen auf, zum Beispiel Gamsjoch.

Kamm bezeichnet eine Reihe von Gipfeln, die nur durch Scharten oder Sättel voneinander getrennt und über Grate miteinander verknüpft sind.

Kammlinie bezeichnet die Linie, die die höchsten Punkte eines Gebirgszuges miteinander verbindet.

Kar bezeichnet kesselförmige Vertiefungen in Berghängen, die einen flachen Boden und steile Rückwände haben. In Richtung Tal schließt oft ein Karriegel das Kar ab. Darin bildet sich häufig ein Karsee.

Karling bezeichnet einen Berggipfel, dessen Erscheinungsbild durch mehrere scharfe Felsgrate an seinen Hängen dominiert wird. Das Matterhorn gilt zum Beispiel als Karling.

Kegelberg bezeichnet einen Berg von ausgeprägter Kegelform. Kegelberge sind meisten nur am Bergfuß mit anderen Erhebungen verbunden und stehen daher relativ isoliert.

Klamm bezeichnet ein sehr tiefes und zugleich sehr enges Tal, an dessen Grund ein Gebirgsbach oder -fluss fließt.

Längstal bezeichnet eine landschaftliche Einkerbung, die zwischen zwei nahezu parallelen Gebirgsketten verläuft.

Massiv bezeichnet eine kompakte, mehr oder weniger frei stehende geomorphologische Einheit. Ein Bergmassiv ist nicht in Züge oder Ketten eingeteilt, sondern hat eine eher kompakte Form und ist rundum von Tälern abgegrenzt.

Nackental bezeichnet ein meist sehr kleines Tal, das parallel zu einem Hang verläuft und hangeinwärts fallende Flächen hat.

Oronym der Begriff aus der Namenforschung bezeichnet Berg- und Gebirgsnamen. Setzt sich aus den griechischen Wörtern oros (Berg) und onoma (Name) zusammen.

Pass bezeichnet die tiefste Stelle eines Bergkamms oder -rückens zwischen zwei Bergen oder zwei Gebirgsgruppen.

Pediment bezeichnet eine Übergangsfläche zwischen dem Fuß eines Berges und der Ebene, die frei von Schutt ist.

Randgebirge bezeichnet ein Gebirge, das entweder am Rande einer Kontinentalplatte liegt oder ein Hochplateau seitlich zum Flachland begrenzt.

Reliefenergie bezeichnet den Höhenunterschied pro Flächeneinheit. Sie wird in der Regel in Meter pro Quadratkilometer angegeben. Flachland oder auch ein ebenes Hochplateau hat eine sehr geringe Reliefenergie, während eine Landschaft mit hohen Bergen und tiefen Tälern eine hohe Reliefenergie hat. So können Höhenunterschiede unabhängig von der Meereshöhe angegeben werden.

Rumpfgebirge bezeichnet den stark erodierten Rest eines Gebirges, das bereits verhältnismäßig früh in der Erdgeschichte entstanden ist (zum Beispiel die Mittelgebirge Fichtelgebirge, Harz und Erzgebirge).

Schlucht bezeichnet eine Talform im Gebirge, die besonders eng und steilwandig ist.

Seamounts bezeichnet vulkanische Unterseeberge, die sich vom Meeresboden in etwa 1000 bis 4000 Metern Tiefe erheben.

Seitental bezeichnet ein Gebirgstal, das quer in ein größeres Tal mündet.

Tafelberg bezeichnet einen Berg, der eine weite Gipfelebene und steile Berghänge aufweist.

Talboden bezeichnet den meist mit Sedimenten aufgefüllten flachen Teil eines Gebirgstales. Ein enger Talboden wird als Tallinie bezeichnet, eine sehr große Weitung hingegen als Talkessel.

Talpass bezeichnet eine kurze Engstelle in einem Gebirgstal.

Talschluss bezeichnet den oberen Teil eines Tales im Hochgebirge, wenn es sich mehrfach verzweigt und eine breite Mulde bildet.

Talschulter bezeichnet eine Kante im Gelände oberhalb des Talbodens, die parallel zur Talachse verläuft.

Talzuschub bezeichnet ein langsames oder auch plötzliches Zuschieben eines Tales, indem sich Material von den darüberliegenden Hängen in Bewegung setzt. Durch einen Talzuschub bilden sich häufig natürliche Stauseen.

Tepuis bezeichnet einzeln stehende, bis zu 3000 Meter hohe Tafelberge in Venezuela, Guyana und Brasilien.

Transversaltal bezeichnet ein Tal, das quer zur Hauptrichtung der Gebirgskämme verläuft. Deswegen wird es auch Quertal genannt.

Trogtal bezeichnet ein u-förmiges Tal in einem Gebirgszug, das einen breiten und flachen Talboden hat sowie von sehr steilen oder senkrechten Wänden begrenzt wird.

Die Engländer

Der Schweizer Bergsteiger und Chronist des Alpinismus Gottlieb Studer schrieb 1856: »Ja, es ist diese abenteuerliche Reiselust fast zur Mode geworden und die unerschrockenen Söhne Albions geben hierin den anderen Nationen das leuchtende Beispiel. Gelingt es dem Schweizer doch kaum, ein bisher von ihm noch für unbetreten gehaltenes Gletscherjoch oder eine neue Alpenspitze zu besteigen, ohne aus dem Munde seines Führers zu vernehmen, er habe schon einmal einen Engländer dahin begleitet.«

Schoko-Berge

Die Chocolate Hills auf den Philippinen sind eine populäre Touristenattraktion. Die Schokoladenhügel befinden sich auf der Insel Bohol und verteilen sich über ein Gebiet von etwa fünfzig Quadratkilometern. Insgesamt gibt es dort 1268 solcher Hügel, die fast alle eine ebenmäßige Halbkugel- oder Kegelform haben und nahezu alle die gleiche Höhe erreichen. Die Hügel sind nur von Gras bewachsen, das sich während der Trockenzeit braun verfärbt – deshalb tragen sie den Namen Chocolate Hills. Die Entstehung dieser einzigartigen Landschaft haben Geologen bis heute nicht endgültig geklärt; es existiert eine Vielzahl von Hypothesen. Es könnte sich

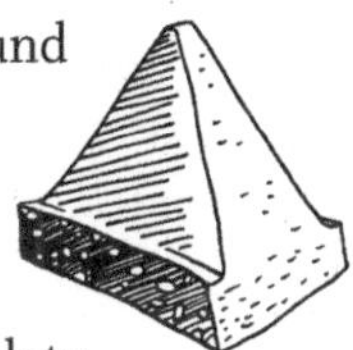

um Reste unterseeischer Vulkane handeln, die durch die Bewegung der Erdplatten an die Oberfläche gerieten. Genauso gut ist möglich, dass die perfekt geformten Hügel Bruchstücke urzeitlicher Korallenriffe sind. Schließlich gibt es eine Theorie, wonach ein Vulkan einst große Steinblöcke ausspie und diese – noch unter dem Meeresspiegel – von Kalkstein überwuchert wurden. Für jede Theorie gibt es gute Argumente und Gegenargumente. Die schöneren Geschichten liefern lokale Sagen zur Entstehung der Chocolate Hills – die sich laut einer Legende aus den Tränen unglücklich verliebter Riesinnen formten.

Die ersten Mountainbiker

Hermann Buhl, Erstbezwinger des Nanga Parbat in Pakistan, darf auch als Pionier einer Trendsportart gelten: des Mountainbikens. Der Österreicher trat allerdings aus purer Not in die Pedale, anders war es schwer für ihn, die Ausgangspunkte für viele seiner Alpentouren zu erreichen. Einmal radelte er an einem Wochenende von Landeck aus ins Engadin. Über St. Moritz und den Malojapass ging es weiter ins Bergell. Dort durchstieg Hermann Buhl die Badile-Nordostwand, rannte ins Tal zurück und radelte am Sonntagabend zurück bis Landeck. Dabei wurde der Bergsteiger irgendwann so müde, dass er vom Fahrrad kippte und im Inn landete. Der Fluss führte gerade Hochwasser, und Buhl war schlagartig wieder wach und bei Sinnen.

Auch der langjährige CDU-Generalsekretär Heiner Geißler, der ein ausgezeichneter Bergsteiger und Kletterer ist, steuerte die Alpen einst auf dem Fahrrad an. Zu Beginn der Fünfzigerjahre studierte er in München Philosophie und Rechtswissenschaft und pflegte seine Leidenschaft für die Berge. In seinem Buch »Bergsteigen. Kleine Philosophie der Passionen« schildert Geißler, dass ein Schweizer Studienfreund damals ein schweres Tandem mit nach München brachte. Das Fahrrad war aus Stahl geschweißt, hatte nur eine einzige Übersetzung, eine einzige winzige Handbremse am Vorderrad und keinen Freilauf – das heißt, die Pedale drehten sich genauso schnell, wie sich auch das Hinterrad drehte.

Eine Tour mit diesem Tandem verdiente wohl schon eine hohe Einordnung in einen alpinen Schwierigkeitsgrad: »Wenn es zu schnell ging und die Gefahr bestand, dass die rotierenden Pedale einem die Haxen abschlugen, musste man während der Fahrt einfach abspringen und das Fahrzeug seinem Schicksal überlassen«, schreibt Geißler. Mit diesem Tandem seien er und sein Freund regelmäßig von München aus morgens um halb fünf Uhr Richtung Gebirge aufgebrochen – etwa nach Wildbad Kreuth hinter dem Tegernsee. Da sei es dann auf die österreichische Seite gegangen und weiter auf den 2196 Meter hohen Guffert. Nach ausgiebiger Kletterei in den Gipfelfelsen des Berges lief das Duo zurück zu seinem Tandem und radelte noch am gleichen Abend zurück nach München. Auch Alpspitze und Zugspitze steuerten die beiden Bergsteiger von München aus per

Tandem an. Die Verkehrsanbindung der Berge sei damals eben so schlecht gewesen …

Rekord-Name

Ein Berg auf der Nordinsel Neuseelands trägt den vermutlich längsten Ortsnamen der Welt: Der Hügel ist 305 Meter hoch und führt beinahe ebenso viele Buchstaben in seinem Namen: Taumatawhakatangihangakoauauotamateaturipukakapikimaungahoronukupokaiwhenuakitanatahu. Ins Deutsche übersetzt heißt das sinngemäß: »Der Vorsprung des Berges, wo Tamatea, der Mann mit den großen Knien, der rutschte, kletterte und die Berge verschlang und der durch das Land reiste, für seine Liebste Flöte spielte.« Das ist auch nicht prägnanter.

Die Tafel ist reich gedeckt

Der 1466 Meter hohe Erzberg in Österreich wird auch »Steirischer Brotlaib« genannt. Seit dem 11. Jahrhundert wird dort Eisenerz in Form des Minerals Siderit abgebaut – und bis heute ernährt der Bergbau viele Menschen in der ansonsten strukturschwachen Gegend in der Steiermark. Der Erzberg gilt als größte Siderit-Lagerstätte der Erde und ist der größte Erz-Tagebau in Westeuropa. Derzeit wird dort eine Jahresmenge von etwa zwei Millionen Tonnen gefördert.

Er kann Berge versetzen

Der Yarlung Tsangpo ist ein Biest von einem Fluss. Der Strom entspringt in Tibet, weit oben im Himalaja, wo die Luft schon dünn ist. Sein Lauf wird von Bergen gesäumt, deren Gipfel über 7700 Meter hoch in den Himmel ragen. Inmitten dieser Kulisse stürzt der Yarlung Tsangpo so rasant über die steilen Hänge talwärts, dass er ungewöhnlich viel Geröll mit sich reißt. Die Kraft des Flusses, der weiter stromabwärts Brahmaputra heißt, ist so groß, dass er sich auf einem Abschnitt in eine fünf Kilometer tiefe Schlucht eingegraben hat. Die wahre Macht des Yarlung Tsangpo haben jedoch erst Geologen um Noah Finnegan von der Cornell University erkannt: Der Fluss trägt nicht nur Berge ab, nein, er lässt auch Gipfel in den Himmel wachsen, schreiben die Wissenschaftler in dem Fachblatt *GSA Bulletin*. Demnach habe der Yarlung Tsangpo extrem viel Masse weggespült: Die Indische Platte habe dadurch an einer Stelle so viel Gewicht verloren, dass sich die umliegenden Berge in den vergangenen fünfzig Millionen Jahren zehnmal so schnell wie die anderen nahen Gipfel emporgehoben haben. Die Indische Platte stößt mit der Eurasischen Platte zusammen und faltet den Himalaja auf.

Ein Berg von Müll

Die ehemalige Mülldeponie Hannovers ist heute der höchste Berg im Stadtgebiet. Monte Müllo, wie die Halde auch genannt wird, erhebt sich 122 Meter über den Meeresspiegel. Hannover liegt auf 58 Metern über Normalnull.

Auch ein Berg

Der Schaumberg ist die höchste Erhebung des Saarlandes. Auf dem 569 Meter hohen Berg, der eine deutliche Anhöhe in einer sonst flachen Umgebung darstellt, wurde am 19. September 1976 der Schaumbergturm eingeweiht. Im Norden reicht die Aussicht bis zum Hunsrück, im Süden bis Saarbrücken. Bei klarer Sicht zeigt sich im Westen mitunter das französische Kernkraftwerk Cattenom.

Berg unter dem Meer

Die Osterinsel befindet sich praktisch am Abgrund. Das Eiland sitzt direkt auf dem sogenannten Ostpazifischen Rücken. Die Osterinsel hat deshalb nur wenige Strände: Fast direkt an der Küstenlinie ist das Meer schon bis zu 3000 Meter tief. Die karge Osterinsel sitzt quasi wie ein einsamer Gipfel inmitten einer Wüste aus Wasser.

Höchste Spitzfindigkeiten

Nicht der Kilimandscharo ist der höchste Berg Afrikas, sondern der Kibo. Dieser ist mit 5895 Metern der höchste Gipfel des Kilimandscharo-Massivs. Oft wird als Bezeichnung für den höchsten Berg Afrikas aber der Name Kilimandscharo verwendet. Topografisch ist das falsch, da dies der Name des gesamten Hochgebirges ist.

Krieg am Berg

Am 17. April 1916 sprengte das italienische Militär den Col di Lana. Wie bei der Eruption eines Vulkans schossen grelle Flammen aus dem Gipfel des Dolomitenberges. Tausende Tonnen Gestein wurden in die Höhe geschleudert und donnerten schließlich zu Tal. Die Wucht der Explosion spaltete den Berg, Hunderte österreichische Kaiserjäger verloren ihr Leben.
Die Auseinandersetzungen um den 2462 Meter hohen Gipfel während des Ersten Weltkriegs hatten im Dezember 1915 begonnen. Zwölf Infanterie- und vierzehn Alpini-Kompanien des italienischen Militärs versuchten den von den Österreichern besetzten Gipfel über die von meterhohem Schnee bedeckten Steilhänge zu stürmen. Für die Soldaten auf dem Berg war es ein Leichtes, die selbstmörderischen Attacken abzuwehren. Aus Rom kam daraufhin der Befehl, einen Stollen in den Berg zu treiben und den Gipfel zu sprengen. Die österreichische Garnison musste geahnt haben, wel-

ches Schicksal sie erwartete. Die etwa 250 Kaiserjäger unter dem Kommando des Oberleutnants von Tschurtschenthaler hörten über Wochen, wie die Bohrgeräusche unter ihren Füßen näher kamen. Das österreichische Divisionskommando befahl, den Col di Lana um jeden Preis zu halten.

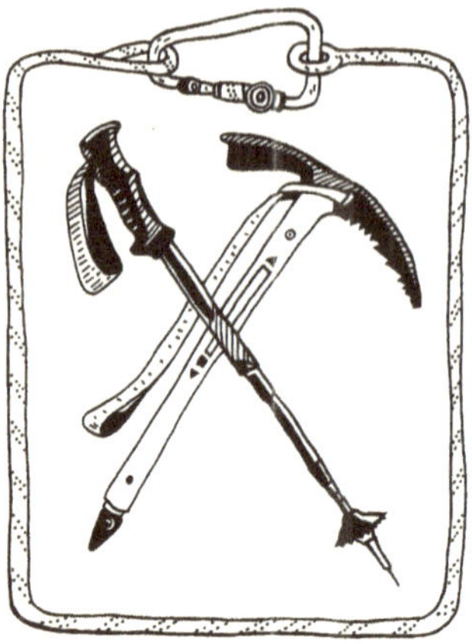

Am 12. April hatte der Stollen eine Länge von 105 Metern erreicht, die Arbeiten wurden eingestellt. Die italienischen Soldaten deponierten 5000 Kilogramm Nitrogelatine, 100 Rollen Schießbaumwolle und 100 Sprengkapseln in den Minenkammern unter dem Gipfel des Blutberges. In den Morgenstunden des 17. April 1916 nahmen 129 mittlere und schwere Geschütze die österreichischen Stellungen auf dem Berg unter stundenlanges Dauerfeuer. Um 23.30 Uhr drückte der Leutnant Caetani den elektrischen Zünder der Sprengladung im Berg. Der Offizier wurde für diese Aktion, deren Initiator er auch gewesen war, von König Vittorio Emmanuele III. als Don Gelasio Caetani in den Adelsstand erhoben und zum Fürsten von Sermonata ernannt.

Sachsen in den Alpen

Gneis lässt sich als »Funke« übersetzen und ist ein Begriff, der aus der sächsischen Bergmannssprache des 16. Jahrhunderts stammt. Es bezeichnet ein Gestein, das hauptsächlich aus den Mineralen Feldspat, Quarz sowie Hell- und Dunkelglimmer besteht. Gneise sind in der Regel mittel- bis grobkörnig und oft sichtbar gebändert. Sie gehören zu den ältesten Gesteinsformationen der Erde. Gneise sind weltweit verbreitet, unter anderem sind sie Bestandteil des Alpenhauptkamms der Zentralalpen.

Die ganz Großen

Alle Achttausender: Die höchsten Berge der Welt

Name Land	Höhe Erstbesteigung
▲ Mount Everest China (Tibet), Nepal	8850 Meter 29.05.1953
▲ K2 China, Pakistan	8611 Meter 31.07.1954
▲ Kangchendzönga Indien, Nepal	8586 Meter 25.05.1955
▲ Lhotse China (Tibet), Nepal	8516 Meter 18.05.1956
▲ Makalu China (Tibet), Nepal	8463 Meter 15.05.1955

▲ Cho Oyu	8201 Meter
China (Tibet), Nepal	19.10.1954
▲ Dhaulagiri	8167 Meter
Nepal	13.05.1960
▲ Manaslu	8163 Meter
Nepal	09.05.1956
▲ Nanga Parbat	8125 Meter
Pakistan	03.07.1953
▲ Annapurna	8091 Meter
Nepal	03.06.1950
▲ Hidden Peak (Gasherbrum I)	8068 Meter
China (Tibet), Pakistan	05.07.1958
▲ Broad Peak	8047 Meter
China (Tibet), Pakistan	09.06.1957
▲ Gasherbrum II	8035 Meter
China (Tibet), Pakistan	07.07.1956
▲ Shisha Pangma	8027 Meter
China (Tibet)	02.05.1964

Aha-lexander von Humboldt

Als Alexander von Humboldt 1801 versuchte, den Chimborasso in Ecuador zu besteigen, unternahm der Naturforscher dieses Abenteuer in der Überzeugung, der Vulkan sei der höchste Berg der Welt. Tatsächlich erreicht der Berg nur eine Gipfelhöhe von 6210 Metern. Humboldt schaffte es bis auf eine Höhe von 5350 Metern.

Hüttenglück

Die Eisjöchlhütte ragte als roter Zacken aus dem Höhenprofil unserer Alpenüberquerung. Rot, das hieß: schieben oder sogar tragen. Runter vom Mountainbike und tausend Höhenmeter mit Ballast zum höchsten Punkt unserer Tour laufen. Der ganze Tag war schon ungemütlich gewesen. Wir sehnten uns von Anfang an nach der lauschigen Atmosphäre einer urigen und abgelegenen Alpenhütte. Die Eisjöchlhütte erschien uns als Paradies, auf das wir zusteuerten.

Als wir morgens vom Schneeberghaus aufbrachen, regneten harte Tropfen gegen die alten Bergwerksloren neben der Schutzhütte. Die umliegenden Gipfel steckten in den Wolken. Wir stiegen in unsere Regenhosen, in die Regenjacken, legten den Regenschutz für die Schuhe an, zogen die Schultern missmutig hoch und traten ins Freie. In Fahrradkleidung sieht man schon dämlich genug aus, aber in Fahrradkleidung plus Regenklamotten fühlt man sich auch so. Bergab begegneten wir niemandem, der unser Outfit hätte kommentieren können.

Wir trafen beinahe den ganzen Tag niemanden. Auf einer Straße bergab überholten wir mit dem Fahrrad zwei, drei Autos aus Holland. Als wir auf der anderen

Seite des Tales auf einer Straße wieder bergauf fuhren, überholten uns zwei, drei Autos aus Holland. Sonst bot dieser verregnete Südtiroler Sommertag nichts außer der Aussicht auf einen Abend in einer ruhigen Berghütte auf dem Eisjöchl.

Von der letzten Alm an schoben wir die Räder über einen steilen Schotterweg. Hier begegneten wir nur einem übermotivierten Mountainbiker und später einigen scheuen Murmeltieren. Die letzten paar Hundert Höhenmeter führte der Weg durch Schneefelder, dunkles Geröll und fein gemahlenes Material, das hier einst ein Gletscher deponiert hatte. Die Einsamkeit der Berge – wir waren auf dem Weg zur Eisjöchlhütte und natürlich auf dem Weg zu uns selbst. So was sagt man ja immer, wenn man sich einen Berg hinaufplagt und auch nicht recht weiß, warum eigentlich. Da fallen einem dann Begriffe wie „Läuterung", „innere Reinigung" und „Weg zu sich selbst" ein.

Als wir an der knapp 2900 Meter hoch gelegenen Schutzhütte ankamen, rissen die Wolken auf und gaben den Blick auf einen kleinen, grün schimmernden See frei, in dem Eisschollen trieben. Die August-Abendsonne verlieh den umliegenden Gipfeln einen goldenen Schimmer, und auf dem Grat liefen vier Gämsen. Ihre Silhouetten gegen das Licht wirkten, als hätte der Tourismusverband Südtirol die Tiere dorthin geschickt und nur für uns tief in die Klischeekiste gegriffen. Wir freuten uns auf einen ruhigen Abend in einer Berghütte fern jeglicher Seilbahnverbindung.

Die Gaststube der Eisjöchlhütte war gesteckt voll. Jetzt war klar, warum wir den ganzen Tag so wenige Menschen getroffen hatten: Die warteten alle hier in der Hütte. Wir suchten uns einen Platz. Am Tisch neben uns saß eine Wandergruppe, deren männliche Teilnehmer ihre Herkunft anzeigten, indem sie Schweißbänder mit den Vereinsfarben und dem Logo von Hannover 96 an den Handgelenken trugen. Einen Tisch weiter signalisierte ein Hüttengast Wesensverwandtschaft, indem er ein Trikot der deutschen Fußballnationalmannschaft übergestreift hatte.

Thomas' Miene verfinsterte sich. Wir hatten den letzten freien Tisch ergattert. Kurz darauf setzte sich eine dreiköpfige Familie zu uns. Vater und Mutter sahen aus, als hätten sie die vergangenen dreißig Jahre ihren Lebensinhalt im Wendtland gefunden und dort, abgeschieden von der übrigen Welt, gegen ein atomares Endlager in Gorleben demonstriert. Ihre Tochter, die das Paar wohl in den ersten Tagen ihrer Demonstrantenlaufbahn gezeugt hatte, trug einen dicken geflochtenen Zopf, einen Pony und eine Brille, dazu Trekkingkleidung mit einem Pfotenabdruck als Logo. Sie war tüchtig.

Aus ihrem Mund stürzte ein Steinschlag von Worten. Sie sprach über den Fortschritt ihrer Dissertation, darüber, dass ihre Dozenten unmöglich seien, ihre Kommilitonen auch, und dass weder die Nudeln noch der Rotwein hier in der Hütte genießbar seien. Letzteren beiden Aussagen stimmte die Mutter zu, der Vater schwieg. Auch Thomas verstummte, schlang seinen Teller Nudeln herunter, sprang auf und ließ mich allein mit dem Wendtland-Trio und den Fußball-Wanderern am Nebentisch zurück, denen der Wein offenbar schmeckte.

Gegen 19 Uhr wollte auch ich mein leeres Bierglas nicht weiter anstarren. Der echte Bergfreund, so redete ich mir die Atmosphäre in der Gaststube schön, der geht ohnehin mit der Sonne ins Bett, und es spricht auch nichts dagegen, eine Tagesetappe gut ausgeruht anzugehen. Wir schliefen im Bettenlager. Acht Stockbetten in einem Raum, der mit der Hälfte der Schlafstätten auch schon gut ausgelastet wäre.

Thomas saß im Lotussitz auf seinem Bett und hatte die Augen geschlossen. Seine Handflächen zeigten nach oben, Mittelfinger und Daumen berührten sich an den Kuppen. Thomas? Ich hatte noch nie erlebt, dass er meditierte oder etwas wie Yoga machte. War er tatsächlich auf dem Weg zu sich selbst? Er strahlte eine aggressive Ruhe aus. Ich traute mich nicht zu lachen und ging Zähneputzen. Bei meiner

Rückkehr war das Wendtland-Trio auch dabei, bergsteigermäßig früh ins Bett zu gehen. Sie achteten darauf, die Konzentration des meditierenden Bergfreundes nicht zu stören. Niemand traute sich, den verinnerlichten Kauz im Lotussitz zu stören.

Die Kollegen aus der Hannover-96-Wandergruppe und aus dem Nationalmannschaftslager waren mitteilsamer. Sie raschelten und rumorten, tappten durch den Raum, stießen an die Betten der anderen, um dann nach ein, zwei beherzten Fürzen einzuschlafen und augenblicklich laut zu schnarchen. Vor dem gekippten Fenster rauchten die letzten wachen Bergsteiger aus der norddeutschen Tiefebene und klärten sich gegenseitig darüber auf, welche Gipfel sie bezwungen und welche Gebirgsgruppen sie einst überschritten hatten. Dazwischen husteten sie, prosteten sich zu und fielen sich dann wieder mit Schilderungen ihrer alpinen Leistungen gegenseitig ins Wort. Als auch sie ins Bettenlager kamen, um die Hüttenruhe um 22 Uhr einzuhalten, raschelten sie in ihrem Waschbeutel, suchten ihre Taschenlampe im Rucksack, drehten und wendeten sich im Bett, zogen die Bettdecke zurecht, ließen Winde fahren, begannen zu schnarchen, zu stöhnen, zu schmatzen; sie wälzten sich, sie verbrauchten die Luft, knirschten mit den Zähnen oder trampelten aufs Klo. Ich konnte nicht schlafen.

Am nächsten Morgen stiegen wir nach einem Abend in einer Berghütte und zwölf ruhelosen Stunden im Bett völlig gerädert auf unsere Fahrräder. Das Leben in Berghütten ist anstrengend. Ruhe und behagliche Alpenromantik findet man wohl nur im Wellness-Resort im Tal.

Die erste Hütte

Die Menschen erkannten früh den Wert einer schönen Hütte in den Alpen, wenn auch aus wirtschaftlicher Notwendigkeit und weniger aus touristischen Überlegungen. Im Fimbatal in der Ostschweiz errichteten Urschweizer bereits vor 2500 Jahren auf einer Höhe von 2300 Metern über dem Meeresspiegel eine Unterkunft. Dort verbrachten sie die Sommermonate, während ihr Vieh auf den fetten Wiesen des Unterengadins graste. Der Zürcher Archäologe Thomas Reitmaier fand die Überreste der ältesten Schweizer Berghütte, die vier bis sechs Menschen Schutz bot. Nicht weit entfernt entdeckte der Wissenschaftler die Reste von Feuerstellen, die noch älter waren. Hier hatten sich Hirten in der ersten Hälfte des fünften vorchristlichen Jahrtausends gewärmt.

Dolomiten versus Saussuriten

Dolomit ist ein Karbonatgestein, das mindestens neunzig Prozent des gleichnamigen Minerals enthält. Dolomit ist weiß, oft aber auch hellgrau, elfenbeinfarben, graugelb oder graugrün. Seine Beschaffenheit wird oft als »zuckerkörnig« beschrieben. Dolomit ist recht spröde, die Felsoberfläche ist deswegen meist splittrig. Benannt wurde dieses Gestein nach dem französischen Geologen und Mineralogen Déodat Guy Sylvain

Tancrède Gratet de Dolomieu (1750–1801). Der Naturforscher bereiste Ende des 18. Jahrhunderts die Alpen und hielt sich unter anderem lange in den sogenannten »Bleichen Bergen« auf. Dort analysierte er das Gestein, das sich in manchen Versuchen doch so anders verhielt, als er es von dem vermeintlichen Kalkstein erwartet hatte. Ursprünglich wollte Dolomieu das neu beschriebene Gestein zu Ehren des Naturforschers und Montblanc-Besteigers Horace-Bénédict de Saussure (1740–1799) als »Saussurite« bezeichnen. Die Wissenschaftsgemeinde benannte das Gestein nach dem Tode Dolomieus jedoch nach ihm – Dolomit. Deshalb heißen die ehemaligen »Bleichen Berge« heute Dolomiten und nicht Saussuriten. Auch das Mineral Dolomit – Bestandteil des Gesteins – trägt den Namen Dolomieus. Außer in den Dolomiten kommt das Gestein unter anderem auch in den Schweizer Alpen, der Eifel, dem Ostwestfälischen Bergland, der Schwäbischen und Fränkischen Alb, den Rändern des Harzes und im Thüringischen Schiefergebirge vor. In Tschernobyl verwendeten Ingenieure unter anderem Dolomit, um den am 26. April 1986 havarierten Unglücksreaktor zuzuschütten.

Der Antichrist auf dem Weg gen Himmel

Der Brite Aleister Crowley (1875–1947) war ein Esoteriker, Egomane, Hochstapler, vermögender Brauereierbe und bis heute einer der bekanntesten Okkultisten weltweit. Die Presse und seine Biografen beschrieben ihn als »verderbtesten Menschen seiner Zeit« oder als »Vater des Neosatanismus«. In der Tat inszenierte er sich als »Das Große Tier« in Anspielung auf die Vision des Antichristen aus der Apokalypse des Johannes. Im Jahr 1904 behauptete er, eine höhere Wesenheit namens Aiwass sei mit ihm in Kontakt getreten und habe ihm die 220 Verse des »Liber Al Vel Legis« diktiert, des Gründungsdokuments seiner eigenen Religion. Crowley fand viele Anhänger. Später beriefen sich unter anderem der Scientology-Gründer Ron L. Hubbard und der kalifornische Satanist Charles Manson auf ihn. Crowley starb 1947 an seiner Heroinsucht.

Kaum bekannt ist, dass der selbst ernannte Antichrist Aleister Crowley einer der besten Bergsteiger seiner Zeit war. Allerdings pfiff der Egomane auch am Berg auf jegliche Konventionen. Mit wachsender Bekanntheit des Sektenführers Crowley legte der British Alpine Club größten Wert darauf, sich von jeglichen bergsteigerischen Aktionen des Okkultisten zu distanzieren. Crowley stieg nicht auf Berge, um sich selbst und die Natur zu spüren, vielmehr gab er als Beweggrund an, »[…] dass es hier oben kein Christentum gab«. Crowley machte sich als Bergsteiger bald einen Namen. So reklamierte er 1894 eine Erstbesteigung des Ortlers über den »Hinteren Grat« für sich, die jedoch nicht belegt werden konnte. Im Jahr darauf erklomm er den Eiger, die Jungfrau, den Mönch, Petersgrat, Wetterlücke und Tschingelhorn. Einheimische Führer verachtete er als abergläubische und unwissende »Bauern der Alpen«. Die meisten seiner Touren machte er deshalb ohne Führer.

1903 wagte Crowley mit dem deutschen Bergsteiger Oscar Eckenstein eine Expedition ins heutige Pakistan, um dort den K2 zu besteigen. Die Expedition drang bis auf eine Höhe von 6700 Metern vor, scheiterte aber am schlechten Wetter und am miserablen Gesundheitszustand vieler ihrer Mitglieder. Crowley selbst litt an Malaria. Im Fieberwahn bedrohte er seinen Kameraden Guy Knowles mit einem Revolver. Zwei Jahre später, 1905, leitete Crowley eine Expedition auf den Kangchendzönga, den dritthöchsten Berg der Erde. Die Tour mit 230 Trägern, acht Tonnen Ausrüstung und fünf Europäern scheiterte am Größenwahn seines sprunghaften Führers, der sich auf übersinnliche Fähigkeiten verließ. Das Offensichtliche hatte er ignoriert und versäumt, seinen Trägern Schuhe für die Passagen auf den Gletschern zu besorgen. Die Männer mussten barfuß gehen. Am Berg gerieten die Expeditionsteilnehmer in Streit mit Crowley. In einer Lawine starben drei Träger sowie der Bergsteiger Alexis Pache. Angeblich kochte sich Crowley ungerührt Tee, als die anderen Männer um Hilfe brüllten, um die Verschütteten aus der Lawine zu befreien. Nach dieser Tour wandte sich Crowley vom Alpinismus ab und widmete sich ganz dem Okkultismus und seiner Heroinsucht.

Mit Maus

Gabriel Willmann hat acht Mäuse bis auf 8500 Meter Höhe auf den Mount Everest getragen. Acht Kontrollmäuse verblieben im Basislager – der Forscher sucht im Blut der Mäuse nach eindeutigen Spuren des Höhentrainings.

Der gefallene Held

Edward Whymper, Erstbesteiger des Matterhorns und des Chimborasso in Ecuador, lief Anfang des 20. Jahrhunderts das Schienennetz der Canadian Pacific Railway ab. Die Gesellschaft hatte den berühmten Bergsteiger engagiert, um die Rocky Mountains als Touristenziel zu bewerben – obwohl er bereits als Säufer bekannt war.

Ein paar frühe Alpinisten

- Philipp V., König Makedoniens, bestieg im Jahr 181 vor Christus angeblich einen hohen Balkangipfel.
- Hadrian, römischer Kaiser, wanderte im Jahr 125 nach Christus auf den Ätna auf Sizilien – um den Vulkan zu studieren und den wunderbaren Sonnenuntergang zu beobachten.
- Ätheria von Aquitanien, Nonne, erklomm laut Überlieferungen im Jahr 385 den Berg Sinai.

- Alboin, Langobardenkönig, trieb es im Jahr 569 auf den Monte Maggiore im italienischen Friaul.
- Enno Chokaku, japanischer Mönch, stieg 633 auf den Fuji. Wenn sich dies tatsächlich so zugetragen hat, dann wäre diese Tour auf den 3776 Meter hohen Gipfel die erste bekannte Ersteigung eines Hochgebirgsgipfels.
- Dante Alighieri, Dichter und Philosoph, bestieg 1311 angeblich den Monte Falterona und den Prato al Saglio im Apennin. Und zwar ausschließlich der schönen Aussicht und des Erlebnisses wegen – wie es hieß.
- Bonifacia d'Asti, Wallfahrer, stieg im Jahr 1358 auf die 3537 Meter hohe Rocciamelone in Savoyen. Er war aus der Sklaverei bei den Türken entkommen, folgte einem Gelübde und brachte auf dem Gipfel ein kleines Votivbild an.
- Sechs Schweizer, Geistliche, bestiegen 1387 den Pilatus bei Luzern. Anschließend wurden sie mit Kerkerhaft belegt, denn die Besteigung des Berges war von der Obrigkeit verboten worden.

Munro-Bagging

In Schottland ist Munro-Bagging populär. Dabei geht es darum, möglichst viele Gipfel zu besteigen, die höher als 3000 Fuß (915 Meter) sind. Ab dieser Marke wird ein schottischer Berg als Munro bezeichnet. Getauft wurden sie nach Hugh Munro, der die Bergwelt Schottlands im 19. Jahrhundert erkundete. Das stolze Land im Norden Großbritanniens zählt 283 Munros, und wer sie alle bestiegen hat, der darf sich Munroist nennen, seine Leistung dem Scottish Mountaineering Club melden und sich in eine Heldenliste eintragen lassen. Der erste mutmaßliche Munroist der Geschichte war der Pfarrer Archibald Robertson, der diese Leistung im Jahre 1901 abschloss, Zweifel daran jedoch nie ganz ausräumen konnte. Heute haben mehr als 4000 Menschen alle Munros bestiegen. Im Schnitt braucht jeder Bergsteiger dazu acht Jahre.

Eine ganze Reihe von Munro-Baggern wetteifert außerdem um neue, oft seltsame Rekorde. Hamish Brown zum Beispiel war der erste Bergsteiger, der alle Berge zu Fuß oder mit dem Fahrrad erreichte, bevor er sie bestieg. Martin Moran erkletterte dann erstmals alle Munros im Winter binnen einer Saison. Steve Perry wiederum bestieg als Erster im Winter alle Munros und wanderte dabei zu Fuß von Berg zu Berg. Er war auch der Erste, der zwei Munro-Runden am Stück absolvierte, und der Erste, der von Lands End ganz im Süden Großbritanniens bis an die Nordspitze Schottlands wanderte und dabei sämtliche Gipfel über 3000 Fuß erklomm. Der ehemalige Postangestellte Charlie Campbell aus Glasgow hält den Rekord für die schnellste Munro-Runde mit 48 Tagen und zwölf Stunden. Steven Fallon gelang es am häufigsten, die komplette Munro-Runde zu absolvieren, nämlich dreizehn Mal.

Alpin-Vokabeln – Lektion 2: Gipfel und Hang

Ausgesetzt bezeichnet Stellen eines Weges oder einer Kletterroute, an denen bei einem Absturz wegen besonderer Steilheit erhebliche Verletzungsgefahr besteht.

Chasma bezeichnet eine tiefe Erdspalte, die entweder offen liegt oder durch lockeres Material verfüllt ist. Stammt aus dem Griechischen.

Couloir bezeichnet eine steile, enge Rinne an einem Berghang, die von Felsen begrenzt und oft mit Schnee oder Eis gefüllt ist. Ein Couloir ist stets steinschlag- oder lawinengefährdet.

Dach bezeichnet einen waagerechten oder beinahe waagerecht hervorspringenden Überhang.

Dominanz bezeichnet den Radius der Region, den ein Gipfel überragt. Die Dominanz wird als Entfernung angegeben und zwar als Distanz des Berges bis zum nächstgelegenen höheren Punkt. Der Aconcagua, mit 6962 Metern der höchste Berg des amerikanischen Kontinents, hat zum Beispiel eine Dominanz von etwa 16 520 Kilometern, da erst im Himalaja in Asien höhere Berge stehen.

Doppelgipfel bezeichnet einen Berg, der über zwei Gipfel verfügt, zwischen denen sich eine Scharte befindet. Doppelgipfel haben zum Beispiel der Großglockner, der Elbrus und der Broad Peak.

Erosionsrinne bezeichnet eine tiefe Furche, die durch fließendes Wasser oder Gletscher entsteht. Wird auch Schlenke, Runse oder Gully genannt.

Falllinie bezeichnet jene imaginäre Linie eines Hanges, die der Richtung des größten Gefälles folgt. Die Falllinie schneidet Höhenlinien stets im rechten Winkel.

Felsnadel bezeichnet einen isoliert stehenden Fels, der eine sehr spitze Form hat. Auch: Turm oder Zinne.

Felssporn bezeichnet einen Felsen, der schroff aus einem Berghang emporragt. Auch: Felsnase, Bergsporn, Geländesporn.

Gipfel bezeichnet den höchsten Punkt eines Berges oder Gebirgszuges.

Gipfeli bezeichnet ein Gebäck. So werden in der Schweiz Croissants oder Hörnchen genannt.

Kamin bezeichnet einen senkrecht oder fast senkrecht verlaufenden Spalt in einer Felswand.

Kote bezeichnet einen sogenannten Höhenpunkt, der zur Messung der Höhe eines Ortes in der Kartografie festgelegt wird. Jeder eigenständige Berggipfel entspricht einer solchen Kote.

Kuppe bezeichnet eine Erhebung mit einem rundlichen Gipfel, der keine felsige Formation hat.

Normalweg bezeichnet An- und Abstiege auf Berggipfel, die am häufigsten begangen werden. In der Regel handelt es sich dabei um die leichtesten Routen, doch nicht immer ist der Normalweg auch zwingend technisch am einfachsten zu bewältigen.

Plaike bezeichnet eine verhältnismäßig große Stelle an einem steilen Berghang, an der das Gras oder anderer Bewuchs abgerissen sowie talwärts gerutscht ist und nun der Fels zu sehen ist.

Scharte bezeichnet einen schroffen Einschnitt in einen Berggrat.

Schartenhöhe bezeichnet die Höhendifferenz zwischen einem Gipfel und der Einschartung, zu der ein Bergsteiger mindestens hinabgehen muss, um anschließend einen höheren Gipfel erreichen zu können. Wird auch Prominenz oder Schartentiefe genannt. In den Alpen qualifiziert sich eine Erhebung nur dann zum Gipfel, wenn sie mindestens eine Schartenhöhe von dreißig Metern erreicht. Um als eigenständiger Berg zu gelten, ist eine Schartenhöhe von 100 bis 300 Metern nötig, im Himalaja sogar 500 Meter.

Schrofen bezeichnet Gelände, das recht steil ist, in dem es nur mühsam vorangeht, es aber durch kleine Felsvorsprünge ausreichend Tritte und Griffe gibt. Meistens handelt es sich um von Gras durchsetztes, steiniges Gelände.

Steilhang bezeichnet einen Hang, dessen mittlere Neigung mehr als dreißig Grad beträgt, der sich aber noch nicht zur Wand qualifiziert.

Sturzfaktor bezeichnet eine Messgröße zur Kategorisierung eines Sturzes beim Klettern. Der Sturzfaktor errechnet sich aus der Sturzhöhe geteilt durch die Länge des ausgegebenen Seils.

Verschneidung bezeichnet zwei Felswände, die in nahezu rechtem Winkel aufeinandertreffen.

Wand bezeichnet eine steile Bergflanke aus Fels, deren Neigungswinkel zwischen 65 und 90 Grad liegt. Streckenweise kann eine Wand auch überhängend sein, also einen höheren Neigungswinkel haben als 90 Grad.

Moderne Architektur

In den Alpen scheint sich eine architektonische Gegenbewegung zu Zirbelholzstuben und klassischem Holzambiente zu etablieren: Die Monte-Rosa-Hütte gilt als die modernste alpine Unterkunft in der Schweiz oder gar in den Alpen überhaupt. Die alte Hütte, die auf einem Felssporn nahe des Zusammenflusses des Grenz- und Gornergletschers auf 2795 Metern Höhe liegt, habe nicht mehr den »zeitgemäßen Erfordernissen« entsprochen, hieß es. Die neue Monte-Rosa-Hütte wurde im Sommer 2009 eröffnet. »Klare Linien« und »nachhaltig« sind die wichtigsten Vokabeln, die in der Presse verwendet wurden, um den Bau zu charakterisieren. Das moderne Gebäude nimmt die Form eines Bergkristalls auf, ist schlicht und protzt mit 120 Schlafplätzen, einer modernen Fotovoltaikanlage, einer Bio-Abwasser-Kläranlage und einem unverändert sensationellen Blick auf das Matterhorn, das Monte-Rosa-Massiv und den Gornergrat. Die Schweizer *Neue Zürcher Zeitung* bejubelte den Bau dann aber doch ein wenig arg verschwurbelt: »Die radiale Struktur des Tragwerks bestimmt im Zusammenspiel mit der asymmetrisch oktogonalen, sich in den Obergeschossen stetig verjüngenden Kubatur das Innere auf allen Ebenen: Sie gliedert den Gastraum in einzelne Kompartimente und verleiht den Schlafräumen, den Etagenbetten und

Matratzen ungewöhnliche trapezoide Formen.« Der Wanderer hält sich da lieber an Hans Berlepsch, der 1863 in seinem »Reisehandbuch für die Schweiz« über die Umgebung der Monte-Rosa-Hütte schrieb: »Man steht in der Mitte einer Welt der Erstarrung und des scheinbaren Naturtodes. Wohin man blickt, nichts als dürrer Felsen, Eis und Firn.«

Phantastische Kunstlandschaft

Der deutsche Architekt Bruno Taut, geboren 1880 in Königsberg, machte sich zu Beginn des 20. Jahrhunderts einen Namen als Vertreter des »Neuen Bauens«. Seine bekanntesten Bauten sind die Hufeisensiedlung in Berlin-Pritz sowie die Siedlung Onkel-Toms-Hütte in Berlin-Zehlendorf. Auch abseits des sozialen Wohnungsbaus und der Stadtplanung in der deutschen Hauptstadt hatte er große Pläne. 1919 veröffentlichte er eine Mappe mit dem Titel »Alpine Architektur«, die als Meisterwerk des architektonischen Expressionismus gilt. Darin träumte der Mann aus Ostpreußen davon, in den Bergen eine Reihe kristalliner Bauten zu errichten und die Alpen in eine phantastische, moderne Kunstlandschaft zu verwandeln.

Das erste Biwak

Jean-André Deluc bestieg 1770 mit seinem Bruder Guillaume Antoine den 3109 Meter hohen Buet nahe Chamonix. Unterwegs maßen sie in regelmäßigen Abständen die Höhe, den Luftdruck sowie die Temperatur und erkundeten, bei welcher Temperatur Wasser siedete. Da diese Tätigkeit einige Zeit in Anspruch nahm, waren die zwei Forscher gezwungen, das erste bekannte Biwak im hochalpinen Gelände zu überstehen.

Die unsittliche Alpenvereinskarte

Im Jahr 1915 erschien eine Karte des Dachsteingebietes, die in einer Neuauflage von 1958 als »unsittliche Alpenvereinskarte« bekannt wurde. Darauf findet sich zum Beispiel auch der Arschlochwinkel unterhalb des Brenntenkogls. Auch führte die Karte von 1915 allerlei derbe Ortsnamen auf. Mit dem Arschlochwinkel haben Späße der örtlichen Bevölkerung überdauert. In der Zeit vor 1915 reisten Kartografen durch die Lande und löcherten die örtliche Bevölkerung, wie denn Berge, Täler und Gletscher hießen. Die Bergbewohner narrten die Kartografen, indem sie ihnen seltsame und unmögliche Namen sagten. Manches mag auch dadurch zustande gekommen sein, dass die gebildeten Herren den Dialekt der Landbevölkerung falsch verstanden.

Mangelnde Verpflegung

Ein Ausflügler besteigt einen Berg mitunter nur, wenn die Hütte auf dem Gipfel einen anständigen Kaiserschmarrn auf der Speisekarte führt. Die Verpflegung ist Ansporn für die Tour und bietet Antrieb und Motivation. Während einer echten Bergtour steht das Essen zwar nicht im Zentrum der Bemühungen, doch sind adäquate Lebensmittel viel wichtiger als Karbon-Eispickel oder Schlafsäcke, die bis minus 42 Grad Celsius warm halten. Ohne Kalorien ist noch der kleinste Ausflugshügel zu hoch. Auch ich musste das früh lernen.

Die Ersten von uns hatten gerade den Führerschein gemacht. Die Berge lagen nun in individuell erfahrbarer Nähe. An einem Abend standen Thomas, Oliver, Stefan und ich auf einem Gartenfest um ein Fass Bier herum. Mit Kennermiene blickten wir auf den Zapfhahn, tranken mit übertriebenen Gesten und verrieten auch sonst mit jedem Wort und jeder Geste, dass Alkohol zu trinken für uns End-Teenager noch ein Riesending war – eines, das über Mann- oder Nicht-Mann-Sein entschied.

Stefan schlug eine gemeinsame Bergtour vor. Wir prosteten uns zustimmend zu und machten uns daran, über weiteren Bieren die Details zu klären.

Stefans damalige Freundin ermahnte ihn irgendwann recht herb, dass nun ausreichend Details geklärt seien und sie gar nicht daran denke, ihn noch mit nach Hause zu nehmen, wenn er jetzt einen weiteren Schluck Bier trinken würde. Stefan stellte seine Beziehung nicht weiter auf die Probe, und wir vertagten den gemeinsamen Alkoholrausch auf die Tage in den Bergen.

Unser Ziel war das Brauneck bei Lenggries. Das ist höchstens ein besserer Ausflugshügel, und doch gelang es uns, die Tour auf fast drei Tage auszudehnen.

Am Freitagnachmittag parkte Stefan das Auto nahe einer Bundeswehrkaserne, und wir schulterten die Rucksäcke. Die eineinhalb Stunden Aufstieg waren eine Quälerei. Wir hatten die Rucksäcke mit Flaschen aus den Alkoholvorräten unserer Eltern vollgeladen. Bier für vier, mehrere Flaschen Wein, eine kleine Auswahl Schnaps und als Höhepunkt eine Flasche Champagner. Der Vorrat hätte ausgereicht, uns alle vier mit einer Alkoholvergiftung ins Klinikum von Bad Tölz zu bringen, wenn uns jemand auf der Almwiese gefunden hätte.

Uns war allen klar, dass wir unmöglich in der Lage wären, diesen ganzen Alkohol auszutrinken.
Aber keiner hätte es zugegeben, das war eine Art

spätpubertärer Leistungsdruck. Stattdessen schleppten wir die schweren Glasflaschen auf die Almwiese, schwitzten, keuchten und wollten uns keine Blöße geben. Oliver verteidigte seine aufkeimende Männlichkeit gar, indem er am nächsten Morgen auf der Almwiese saß und sich seinen juvenilen Flaum aus dem Gesicht kratzte. Ich glaube, er hatte einen Gillette Sensor, das war damals das Höchste, was die Nassrasur-Technologie zu bieten hatte.

Als wir unser Lager an einem Waldrand aufgeschlagen hatten, als wir also unsere Rucksäcke neben einem Waldstück auf den Boden gelegt und die Isomatten daneben ausgerollt hatten, begann das Abendprogramm. Der Plan war, zunächst den Champagner zu trinken. Der Schaumwein galt selbstverständlich als etwas ganz Besonderes. Kein fortgeschrittener Rausch sollte das elitäre Geschmackserlebnis trüben. Wir stellten uns mit nackten Füßen in einen eiskalten Bach und erstritten im Wettkampf, wer die Flasche Champagner anbrechen durfte. Wer länger als die anderen im Bach stehen und die Kälte an seinen Füßen ignorieren konnte, dem gebührte der erste Schluck. Wer den Sieg errang, spielte keine Rolle – uns schmeckte der Champagner sowieso nicht. Wir betranken uns trotzdem heftig und schliefen der Reihe nach auf oder neben unseren Isomatten ein.

Der Kater am nächsten Tag war schlimm, und erst da bemerkten wir, dass sich unsere Verpflegungsplanung ganz auf alkoholische Getränke beschränkt hatte. Wir verfügten noch über einige Flaschen Schnaps, an die sich niemand herangewagt hatte. Dafür hatten wir kein Wasser mitgebracht. Wir hatten ein Glas Aachener Pflümli im Rucksack, aber kein Brot, auf das wir die Pflaumenmarmelade hätten streichen können. Wir hatten eine Flasche Ketchup, Nudeln und einen Kocher, aber keiner hatte den Topf aus dem Auto mitgebracht.

Auf dem Weg auf den Gipfel begleiteten uns heftige Kopfschmerzen und Hunger, der sich mit Pflaumenmus und Ketchup pur nicht stillen ließ. Das Problem wurde dadurch verschärft, dass wir so spät die Hütte erreichten, dass es dort nichts mehr zu essen gab. Wir hatten von Anfang an damit gerechnet, dass wir lang schlafen und erst am frühen Nachmittag von unserer Almwiese Richtung Gipfelhütte aufbrechen würden. Dort wollten wir Nudeln kochen, weil es dort ja nichts mehr zu essen geben würde – ohne Topf eine schwere Herausforderung. Wir verbrachten eine sehr hungrige zweite Nacht in einem Heuschober, der von einer wütenden Gruppe Kühe belagert wurde.

Seitdem nehme ich immer eher zu viel als zu wenig auf Bergtouren mit.

Ein rechter (Kaiser-)Schmarrn

Ein Kaiserschmarrn ist das Bergschmankerl schlechthin. Einst galt das Gericht als Armeleuteessen, das im katholischen Bayern und Österreich als fleischlose Mahlzeit gerne an Freitagen gereicht wurde. Beliebt und berühmt wurde die süße Mehlspeise durch den Siegeszug des Skifahrens: Heute fehlt der Kaiserschmarrn auf kaum einer Speisekarte einer Hütte in den Ostalpen. Woher der Name stammt, ist ungewiss. In Österreich reklamiert man die Urheberschaft des Gerichts für sich. Angeblich bevorzugte Kaiser Franz Joseph süße Mehlspeisen zum Dessert – am liebsten aß er Palatschinken, der in Deutschland Pfannkuchen genannt wird. Wenn die süßen Fladen in der Pfanne zerrissen, dann sei das misslungene Backwerk laut Legende den Höflingen vorgesetzt worden, und zwar mit den Worten: »A' Schmarrn, des am Kaiser zu servieren.« »Schmarrn« bedeutet in Süddeutschland und Österreich »Unsinn«. In Bayern pocht hingegen mancher Patriot darauf, dass es die Kaiserin Sisi gewesen sei, die das Rezept für den Kaiserschmarrn einst nach Österreich brachte – die Speise also bayerischen Ursprungs sei. Was stimmt nun? Egal, wichtig ist, dass der Kaiserschmarrn hervorragend schmeckt. Das gelingt am besten mit diesem Rezept:

Kaiserschmarrn für 4 Personen

5 Eier * 200 Gramm Mehl * 3/8 Liter Milch * 5 Esslöffel Zucker * 40 Gramm Butter * eine Handvoll Rosinen * eine Handvoll Mandelsplitter (wenn gewünscht) * zwei Esslöffel Rum * Puderzucker

Zubereitung

Eier trennen * Eiweiß steif schlagen * Milch, Mehl und Eigelb verrühren * Eiweiß unterheben * Rosinen und eventuell Mandeln in einer großen Pfanne (ofenfest) in Butter anschwitzen * Teig darüber in die heiße Pfanne gießen und lediglich anstocken lassen * Pfanne vom Herd nehmen und bei starker Oberhitze in den heißen Ofen stellen * sobald der Teig goldbraun ist, wenden und die anderen Seite backen, bis sie ebenfalls goldbraun ist * aus dem Ofen nehmen und den Zucker darüber streuen * Pfanne wieder auf den heißen Herd stellen, den Teig mit zwei Gabeln zerrupfen und zugleich etwas Butter daraufgeben * Rum darübergießen und flambieren * mit Puderzucker bestreuen und servieren * dazu passen Apfelmus oder Fruchtkompott * genießen

Gruß aus der Küche an den Berg

Der englische Offizier Charles Granville Bruce hatte eine hohe Meinung von der guten Küche. Der Leiter der britischen Mount-Everest-Expedition von 1922 stellte seinen Männern neben Trockenfleisch und Ölsardinen auch fein zubereitete Speisen zur Verfügung. Zur Hebung der Moral (und des Gewichts des Gepäcks) trugen die Expeditionsteilnehmer eingelegte Wachteln, Kaviar, Gänseleber und Champagner in die Berge.

Pasta à la Basecamp

Auf dem Mount Everest siedet Wasser schon bei einer Temperatur von siebzig Grad Celsius. Nun wird niemand auf dem Gipfel des höchsten Berges der Welt seinen Kocher auspacken und erst mal schön Spaghetti mit Tomatensoße kochen. Das ist auch gar nicht nötig, will man sich einen Eindruck verschaffen, wie Nudeln schmecken, die in großer Höhe zubereitet werden. Dazu reicht es, die Pasta à la Basecamp zu kosten. Auch in 5000 Metern Höhe geraten Nudeln leicht matschig, weil das kochende Wasser längst keine hundert Grad erreicht.

Unerhört und unanständig

Die Kellenspitze ist der höchste Gipfel der Tannheimer Berge im österreichischen Bundesland Tirol. Früher hieß der 2238 Meter hohe Gipfel Metzenarsch – was sich als sehr grobe Version von »Hintern einer Prostituierten« übersetzten lässt. Der Name könnte dadurch entstanden sein, dass sehr oft Schutt und Geröll vom Berg ins vorgelagerte Raintal stürzte. Die örtlichen Bauern mussten die Steine immer wieder aus ihren Weiden entfernen und werden dann schon recht verärgert in Richtung des Berges geflucht haben. Dabei mag es passiert sein, dass der Berg eine dieser Schmähungen als Namen behielt und fortan als Metzenarsch bezeichnet wurde. Dann besuchte Königin Marie von Bayern das Jagdhaus auf dem Tegelberg. Die ehemalige preußische Prinzessin war eine begeisterte Bergsteigerin. Sie bestieg mehrmals den Säuling bei Hohenschwangau, und im Jahr 1854 kletterte sie auf den 2713 Meter hohen Watzmann in den Berchtesgadener Alpen. Ihr großes Ziel war es, als erste Frau die Zugspitze zu besteigen, was ihr von ihrem Gatten Maximilian II. aber verwehrt wurde. Vom Jagdhaus am Tegelberg ließ sie sich nun von einem örtlichen Führer die Namen der Gipfel erklären, die zu sehen waren. Der Mann schämte sich, der edlen Dame den derben Namen des Metzenarsches zu nennen. Er besann sich auf den Namen eines Tales nahe des Berges, das »In der Kelle« heißt. Daraus strickte er in Eile den Namen Kellenberg. So verlor der Metzenarsch Mitte des 19. Jahrhunderts seinen ordinären Namen.

Alpin-Vokabeln – Lektion 3: Steine und Geröll

Aufschluss bezeichnet eine Stelle an der Oberfläche der Erde, an der nackter Gesteinsuntergrund zu Tage tritt.

Bergsturz bezeichnet eine großflächige Bewegung von Fels oder Schutt an einer Bergflanke.

Bergzerreißung bezeichnet die durch die Schwerkraft ausgelöste großflächige, langsame Bewegung von Gestein. Wird auch als Absackung bezeichnet.

Desquamation bezeichnet das Abblättern schaliger Gesteinsplatten von Felswänden. Entsteht in der Regel durch starke Temperaturunterschiede, zum Beispiel zwischen Tag und Nacht.

Erdpyramide bezeichnet steile Erosionsformen, die turm- oder kegelförmig aufragen. In der Regel balanciert auf ihren Spitzen ein Gesteinsblock, der die Erdpfeiler vor gänzlicher Abtragung bewahrt hat. Mit Verlust des Schutzsteins wird die Erdpyramide meist auch bald abgetragen. Berühmte Erdpyramiden befinden sich zum Beispiel in Ritten nahe Bozen, Südtirol.

Gekriech bezeichnet den Gesteinsschutt, der sich durch die Schwerkraft bei hoher Hangneigung langsam talwärts bewegt.

Glacis bezeichnet den Teil der Fläche am Fuß eines Gebirges, der mit groben Lockersedimenten bedeckt ist.

Hoodoos bezeichnet Säulen aus Kalkstein im Westen der USA. Die Strukturen sind innerhalb der vergangenen sechzig Millionen Jahre entstanden und wurden durch den Wind geformt.

Lahar bezeichnet Schutt- oder Schlammströme, die von Vulkanen abrutschen. Sie können, müssen aber nicht von einem Ausbruch des Vulkans ausgelöst werden. Ursprünglich ist Lahar ein Begriff aus Indonesien.

Moräne bezeichnet das Schuttmaterial, das ein Gletscher transportiert und ablagert. Leitet sich vom französischen Begriff »moraine« für Geröll her, wurde ursprünglich von der Bevölkerung nahe Chamonix verwendet und schließlich von dem Naturforscher Horace-Bénédict de Saussure als Terminus eingeführt.

Murgang bezeichnet einen rasch talwärts fließenden Strom aus Schlamm und Geröll im Gebirge. Meist lösen starke Niederschläge oder Schneeschmelzen einen Murgang aus. Das Material rutscht in der Regel in bestehenden Bachbetten oder Rinnen ab. Wird auch Mure oder Rüfe genannt.

Schichtrippe bezeichnet eine verwitterungsresistente Schicht aus Sedimentgestein, die während der Bildung eines Gebirges senkrecht gestellt wurde. Die Teufelsmauer im Harz ist zum Beispiel eine solche Schichtrippe.

Stac bezeichnet steil aus dem Meer aufragende Felsnadeln.

Stock bezeichnet eine große, unregelmäßig geformte Masse aus Gestein, die als Fremdkörper andere Felsmassen durchsetzt.

Talus bezeichnet 26 bis 42 Grad steile, fächerförmige Schutthalden am Fuß von Steilhängen oder Felswänden. Wird auch als Geröllhalde, Schuttkegel, Schuttfuß oder Schuttrampe bezeichnet.
Tobel bezeichnet einen tiefen Einschnitt in einem Steilhang.
Tomahügel bezeichnet einen Hügel aus Gesteinsschutt, der meist bei Bergstürzen während der vergangenen Eiszeit entstand und durch die Erosion zu einer Kuppe abgeschliffen wurde.
Wackelstein bezeichnet Felsblöcke, die durch Verwitterung leicht beweglich auf dem Untergrund aufliegen. Oft bilden sich diese auch Schaukelsteine genannten Phänomene aus granitischem Gestein.

Degustations-Besteigung

Albert Smith, britischer Bergsteiger, ließ es sich auf dem höchsten Gipfel der Alpen recht gut gehen. Die Getränkeliste für seine Montblanc-Besteigung 1851: 60 Flaschen Tafelwein * 20 Flaschen St. Georg * 15 Flaschen St. Jean * 3 Flaschen Weinbrand * 1 Flasche Cassis * 6 Flaschen Limonade und 2 Flaschen Champagner.

Patchwork-Familie

Die Tsodilo-Hügel liegen im Norden des afrikanischen Staates Botsuana in der Kalahari-Wüste. Sie bestehen aus vier massigen Felsen und erreichen eine maximale Höhe von 1489 Metern. Für das Volk der San, das auf diesem Gebiet lebt, sind die Tsodilo-Hügel heilig. Laut einer lokalen Legende bilden die vier Hügel eine Familie. Der größte Felsen ist demnach der Mann, ein etwas kleinerer die Frau und der kleinste das gemeinsame Kind des Paares. Der vierte Felsen wiederum, das ist die erste Gattin des Mannes, die er zugunsten seiner jüngeren Frau verlassen hat.

Das Hohe in den Niederlanden

Der Vaalserberg liegt nur dreißig Meter von der Grenze zu Belgien und Deutschland entfernt. Der Berg war bis Ende des Jahres 2009 mit 322 Metern und siebzig Zentimetern die höchste natürliche Erhebung der Niederlande. Seinen Rekordstatus musste der Vaalserberg an den Mount Scenery abgeben. Dieser Berg erreicht eine Höhe von 877 Metern und befindet sich auf der kleinen Insel Saba, die zu den niederländischen Antillen in der Karibik gehört. Seit das Eiland als neue Gemeinde in das Vereinigte Königreich der Niederlande eingegliedert wurde, ist der Mount Scenery der neue niederländische Rekordhalter. Bergsteiger, die den höchsten Gipfel Hollands erklimmen, können dies nun mit Blick auf das karibische Meer anstatt mit Aussicht auf Aachen machen.

Alter am höchsten Berg

Eine Analyse der Daten von 2211 Bergsteigern, die zwischen 1990 und 2005 den Gipfel des Mount Everest besteigen wollten, zeigte, dass die Alpinisten im Schnitt eine Erfolgschance von 31 Prozent hatten. Für Bergsteiger im Alter von sechzig Jahren und mehr lag die Aussicht auf Erfolg allerdings nur mehr bei dreizehn Prozent. Die Sterbewahrscheinlichkeit lag bei allen Kletterern bei 1,5 Prozent, während sie für die Sechzig-Plus-Kletterer fünf Prozent betrug.

Maschinen auf dem Gipfel

Wissenschaftler der Universität Göttingen haben einem Roboter beigebracht, Steigungen zu erkennen und im aufrechten Gang eines Menschen zu erklimmen. Dazu passt »RunBot« seine Gangart an, indem er seinen Oberkörper leicht nach vorn kippt. Einem Roboter den Gang auf zwei Beinen so beizubringen, dass er in jeder Umgebung laufen kann, ist so etwas wie der heilige Gral der Robotik und technisch unendlich viel schwerer, als es sich anhören mag.

Feinde der Berge

Elefanten vermeiden es, über steile Hänge zu gehen. Wissenschaftler haben bei der Beobachtung von Tieren, die sie mit GPS-Sendern ausgestattet hatten, bemerkt, dass diese selbst kleine Hügel umwandern. Hänge oder Berge zu besteigen kostet die großen Tiere offenbar zu viel Energie. Die Tiere ernähren sich vegetarisch. Da Pflanzen aber auf die Masse bezogen wenig Energie enthalten, ist es für Elefanten sehr zeitaufwendig, verbrauchte Kalorien wieder aufzunehmen. Da scheint es logisch, jede Anstrengung zu meiden und Berge zu umwandern.

Fiese Luft

Der Jesuit José de Acosta war von 1572 bis 1587 in Peru tätig und schilderte in einem 1590 erschienenen Buch seine furchtbaren Leiden in den Anden. Wahrscheinlich gelangte der Priester in Höhen von bis zu 4800 Metern. Dort fällte ihn ein grausiger Anfall mit einem Schlag, worauf er sich heftig erbrach. Acosta beschrieb als einer der ersten Europäer die heute bekannten Symptome der Höhenkrankheit. In seiner Schrift sprach er von einer »Seekrankheit«, die er auf den Wind oder die seltsame Luft zurückführte, die so dünn sei, dass sie den Körper bis in die Innereien durchdringe. Der einzige Schutz gegen das Leiden sei deshalb, behauptete Acosta, Nase, Mund und Ohren zu bedecken. Auch der Bauch sei mit dicken Stoffen zu schützen, damit keine schädliche Luft durch ihn dringen könne.

Berg-Wanderer

Der Heart Mountain im US-Bundesstaat Wyoming trägt auch den Namen »der wandernde Berg«. Der 2476 Meter hohe Gipfel hat vor etwa fünfzig Millionen Jahren in recht kurzer Zeit einen Weg von etwa hundert Kilometern Richtung Südwesten zurückgelegt – die größte bekannte plötzliche Bewegung von Landmasse außerhalb der Meere. Der Berg stellte Geologen lange vor ein Rätsel: Der obere Teil des Heart Mountains besteht aus Kalkstein und Dolomit, die zwischen 350 und 500 Millionen Jahre alt sind. Allerdings ist die Basis des Berges sehr viel später entstanden: Das Fundament des Heart Mountains stammt aus einer Zeit von vor 55 Millionen Jahren. Nach gängigen Theorien erlebte die Gegend vor 75 bis 50 Millionen Jahren eine Phase heftiger vulkanischer Aktivitäten. Vor etwa fünfzig Millionen Jahren brach dabei ein gigantisches Stück Fels, das etwa vier bis fünf Kilometer dick war und eine Fläche von 1300 Quadratkilometern ausfüllte. Bei einem Gefälle von nur zwei Grad rutschte die gesamte Felsmasse in Richtung Südwesten ab und erreichte dabei laut Schätzungen eine Geschwindigkeit von bis zu 160 Stundenkilometern. Worauf die Felsplatte rutschte, das ist Gegenstand vieler Erklärungsmodelle. Im Rennen sind unter anderem erhitztes Wasser im porösen Stein oder Kalkstein, der durch Hitze zu Kalciumoxid und Kohlendioxid zerfiel. Die Geschichte des wandernden Berges, der aus der rutschenden Steinplatte entstanden ist, bleibt in jedem Fall unvorstellbar.

Zu Hause ist es am schönsten

Der Südtiroler Bergführer Johann Pinggera (1837 – 1916) ist für viele Erstbesteigungen in den Alpen bekannt. Unter anderem bezwang er den Monte Cevedale, die Vertainspitze, den Monte Zebrù und eine ganze Reihe weiterer Gipfel. Der Bauer und Holzarbeiter aus Sulden unterstützte den Wissenschaftler Julius von Payer bei der Kartografierung des Ortlergebietes. Er galt als fleißiger und zuverlässiger Helfer, sodass man ihn einlud, an der deutschen Nordpol-Expedition von 1869 teilzunehmen, an der sich auch von Payer beteiligte. Pinggera sagte zu und machte sich auf den Weg in die Arktis. Weit in den Norden schaffte er es nicht. In Bozen, so erzählt man sich, plagte ihn das Heimweh bereits so sehr, dass er umdrehte und zurück nach Hause ging. Seine Reise zum Nordpol endete also bereits nach fünfzig Kilometern in Südtirol.

Näher bei Gott

Der Lost Mountain im US-Bundesstaat Oklahoma qualifiziert sich eigentlich nur zu einem Hügel. Dennoch fasziniert Geologen die Erhebung, die eine Höhe von 245 Metern über dem Meeresspiegel erreicht, denn der Hügel ragt gänzlich einsam aus dem flachen und weiten Tal des Kiamichi River. Auch Hobby-Historiker und Ahnenforscher beschäftigen sich im Internet mit dem Lost Mountain. Zu Beginn des 20. Jahrhunderts errichtete dort Joab Morris eine kleine, aber bizarre religiöse Gemeinschaft. Die Siedlung auf dem Hügel, dessen Fuß der Fluss umspült, rief Morris zur »ewigen Stadt« aus. Sich selbst erklärte der Mann zur höchsten Gottheit auf Erden. Heute zeugen nur mehr Reste der Gebäude auf dem Lost Mountain vom Kult des Joab Morris. Und nicht weit entfernt verfällt die Geisterstadt Kosoma.

Gesund an der frischen Luft

Bergbewohner leben offenbar mit einem robusteren Herz. Bei einer Studie in drei griechischen Dörfern zeigte sich, dass die Einwohner der am höchsten gelegenen Ortschaft die niedrigste Todesrate durch Herz-Kreislauf-Erkrankungen hatten. Die Ergebnisse der Studie wurden 2005 im Fachmagazin *Journal of Epidemiology and Community Health* veröffentlicht. Die Mediziner hatten dazu fünfzehn Jahre lang die Bewohner zweier Dörfer im Flachland und einer Kommune, die in etwa tausend Metern Höhe über dem Meeresspiegel liegt, beobachtet. Alle drei Ortschaften hatten eine vergleichbare Sozialstruktur – die meisten Einwohner arbeiteten in der Landwirtschaft, die meisten Frauen führten einen Haushalt. Für alle 1150 untersuchten Personen wurden am Anfang des Beobachtungszeitraums Risikofaktoren wie Rauchen, Alkoholkonsum, Geschlecht, Alter, Gewicht und Blutdruck bestimmt sowie Blutproben genommen. Die Bewohner des Bergdorfes hatten seltsamerweise höhere Blutfettwerte und einen höheren Blutdruck – beides Faktoren, die eine Herz-Kreislauf-Erkrankung eher begünstigen. Doch obwohl die Voraussetzungen für die Bergdörfler schlechter schienen, hatten sie über den Zeitraum von fünfzehn Jahren eine geringere Rate an Todesfällen durch Herz-Kreislauf-Leiden als die Bewohner der Flachlandkommunen. Die Wissenschaftler mutmaßten, dass im menschlichen Körper durch die Gewöhnung an eine moderate Höhe möglicherweise wirksame Schutzmechanismen in Gang gesetzt würden. Vielleicht führe aber auch der simple Fakt, dass die Bergbewohner eher mühselige Märsche in Kauf nehmen müssen, zu einer robusteren Konstitution. Einen ähnlichen Zusammenhang entdeckten auch Mediziner der Universität Zürich, die Daten von 1,64 Millionen Schweizern über einen Zeitraum von zehn Jahren auswerteten. Sie fassten ihre Ergebnisse zu einer Formel zusammen: Je tausend Höhenmeter über dem Meeresspiegel sinke das Risiko, an einem Herzinfarkt oder Hirnschlag zu sterben, um 22 beziehungsweise zwölf Prozent.

Berge aus Gold

Die Währung Südafrikas, der Rand, ist nach dem Höhenzug Witwatersrand benannt. Dieser Gebirgszug ist etwa 200 Kilometer lang und maximal 1779 Meter hoch. Seit 1885 wird hier Gold abgebaut.

Feuerprobe im Vorstadtwald

Das Ziel hieß Pakistan. Im wilden Norden, im Gebiet zwischen dem Nanga Parbat und dem K2, wollten wir drei Vorstadtjungs eine Dreißig-Tage-Trekkingtour schaffen. Ein Großteil des Weges, über den wir unsere Rucksäcke schleppen wollten, führte über Gletscher. Stefan überreichte Thomas und mir Ratgeber-Bücher aus der Bibliothek des Deutschen Alpenvereins. Er war der Erfahrenste unter uns, und wir zwei Anfänger sollten uns nun mit Sicherungstechniken vertraut machen. Wie man mit einem Eispickel auf einem verschneiten Hang im Fall eines zu rasanten Abstiegs bremst. Oder wie ein Eispickel zu vergraben ist, sodass ein daran befestigtes Seil selbst einen Kleinwagen halten könnte – solche Sachen. Kletterknoten und gegenseitiges Sichern hatten wir bereits am Kunst-Kletterfelsen geübt.

Auf Anweisung unseres Expeditionsleiters Stefan kauften Thomas und ich außerdem je zwei Reepschnüre in großzügiger Dicke und von je zwei Metern Länge. „Daraus knüpfen wir Prusikschlingen", dozierte Stefan. Wir lernten die Knotentechnik, um die zur Schlinge gebundenen Schnüre am Seil zu befestigen. In der Theorie dienen die Schlingen einem Bergsteiger, der abgestürzt und ins Seil gefallen ist, als Tritthilfe. Die Klemmknoten, mit der beide

Schlingen am Seil befestigt sind, lassen sich lösen. Dann wird eine Schlinge am Seil nach oben geschoben, der Bergsteiger belastet sie mit einem Fuß, und der Knoten zieht sich so zu, dass er in der Prusikschlinge stehen kann. Dann zieht er den zweiten Knoten nach, wechselt das Standbein und versetzt den ersten Knoten wieder um etwa einen halben Meter nach oben. So kann er nach und nach an dem Seil, an dem er hängt, emporklettern.

So stand es in den Alpenvereinsbüchern. Wir wollten das überprüfen und üben, auf dass wir nicht gänzlich unvorbereitet in eine Gletscherspalte fallen würden. In meinem Elternhaus standen wir um einen Rucksack, mehrere Klettergurte, ein Seil und die Prusikschlingen herum.

„Wir sollten etwas in unsere Rucksäcke packen, damit sie etwas Gewicht haben", verkündete Stefan. „Wenn wir am Berg ins Seil fallen, wiegen die Rucksäcke gut und gerne dreißig Kilo, und das müssen wir auch mit raufbringen."

Thomas und ich nickten. Wir starrten mit Respekt auf die Ausrüstung vor uns. Das mulmige Gefühl in mir wuchs. Seit die Entscheidung, nach Pakistan zu fahren, feststand, war ich ziemlich nervös. Mir fehlte die Erfahrung, um unser Abenteuer einzuschätzen. Ich konnte nicht sagen, was eine Trekkingtour im

Norden Pakistans und was mehrere Tage Marsch auf einem Gletscher für Herausforderungen bringen würden. Ich wollte das aber selbstverständlich nicht zugeben.

„Wir packen Bücher in den Rucksack", sagte ich. Die anderen zwei blickten mich an. Bücher waren schwer und im unserem kleinen Vorstadt-Reihenhaus-Bildungsbürger-Haushalt im Überfluss vorhanden. Wir seilten uns also mit etwa fünfzehn Kilo Literatur im Rucksack an der Fassade unseres Hauses ab. Meine Mutter protestierte. Die schwarzen Vibramsohlen schmierten am weißen Putz und hinterließen Streifen. Wir verlegten unser Prusikschlingen-Trainingslager in den nahen Wald an der S-Bahn-Haltestelle Harthaus. Dort knüpften wir das Seil an den Ast an einem Baum, der auch in „Spiel mir das Lied vom Tod" eine tragende Rolle hätte spielen können, stiegen in den Klettergurt und baumelten schließlich jämmerlich im Seil. Die Prusikknoten zogen sich so fest zu, dass sie sich nur mit viel Geduld und Gewalt wieder so weit lösen ließen, dass wir sie am Seil verschieben konnten. Der Rucksack zerrte heftig am Rücken. Dabei wog er trotz Bücherlast noch nicht annähernd so viel wie später auf der Tour.

Die praktische Überprüfung des Lehrbuchs im Vorstadtwald ergab, dass wir dem Gebrauch der Steigschlingen nicht gewachsen waren. Um eine Seillänge von maximal drei Metern emporzuklettern, brauchten wir Ewigkeiten, waren in kürzester Zeit schweißgebadet und hatten unsere Kräfte komplett aufgezehrt. Stefan, der später Physiklehrer wurde, erinnerte sich immerhin an die Flaschenzugberechnungen, die wir in der Schule lernen sollten. Nach einiger Grübelei identifizierten wir die schweren Rucksäcke als Hauptproblem. Mit einem Karabiner und einer kurzen Schnur klinkten wir die Säcke ins Seil und bauten darauf, dass wir ohne einen Rucksack voller Bücher auf dem Rücken leichter am Seil nach oben klettern könnten – und vor allem diese verdammten Prusikknoten leichter lösen könnten.

Ja, es ging besser. Und nein, es war nicht wesentlich weniger anstrengend. Aber im Alpenvereinsratgeber hatte nicht gestanden, dass es ein großer Spaß sei, sich am Seil aus der Gefahrenzone zu retten. Wir beschlossen, einfach nicht in eine Gletscherspalte zu stürzen.

Alles dabei?

Gegenstände, die die britische Expedition von 1905 auf den Kangchendzönga mitführte: 25 000 Zigaretten * 284 Streichholzschachteln * 120 Batterien * 100 Kerzen * 100 Glühbirnen * 100 Werkzeugsätze * 30 Taschenlampen * 16 Pfund Tabak * 6 Sturmlampen * 3 Federwaagen * 2 Höhenmesser * 2 Ferngläser * 1 Haarschneidemaschine.

Die hohen Herren

Die ersten Klettersteige in den Alpen wurden für den Adel errichtet, dessen Privileg die Jagd war. So fand Hermann von Barth, der gegen Ende des 19. Jahrhunderts durch das Karwendelgebirge wanderte und dieses bergsteigerisch erschloss, die Jagdinfrastruktur des Adels vor. Neben Jagdhütten waren dies zahlreiche Leitern, Treppen, Eisenstangen und Ringe für Seile.

Alpin-Vokabeln – Lektion 4: Eis und Schnee

Ablation bezeichnet das Abschmelzen oder Verdunsten von Schnee oder Eis. Der Begriff wird meist im Zusammenhang mit der schwindenden Masse von Gletschern angewendet.

Ausaperung bezeichnet das Abschmelzen einer Schnee- oder Eisdecke, sodass der Boden darunter freigelegt wird. Der Begriff wird vor allem verwendet, um den Zustand von Wegen beziehungsweise Hängen in Hochgebirgsregionen zu beschreiben. Ein aperer Hang oder eine ausgeaperte Bergflanke stellt eine Gefahr dar, denn Eis oder Schnee halten meist Geröll zusammen, das ohne den frostigen Kitt lose wird und abrutschen kann.

Bergschrund bezeichnet die Spalte, die sich zwischen dem fließenden Eis eines Gletschers und dem Eis, das am Fels fixiert ist, befindet. Ein Bergschrund bildet sich häufig unterhalb von Wänden oder Graten, die aus einem Gletscher emporragen.

Blankeis bezeichnet blankes Eis. Der Begriff wird gerne von Bergsteigern benutzt. Blankeis findet sich zum Beispiel auf aperen Gletschern, deren Schneedecke abgeschmolzen ist.

Büßereis bezeichnet bis zu sechs Meter hohe Eis- oder Schneezacken in den Hochgebirgsregionen der Tropen und Subtropen. Die Pyramiden entstehen, wenn durch intensive Sonneneinstrahlung und geringe Luftfeuchtigkeit in großer Höhe Schnee oder Eis abschmilzt. Die Spitze zeigt stets in Richtung Sonne. Den Begriff prägte der Maler und Alpinist Rudolf Reschreiter. Bei einer Reise zum Chimborasso und Cotopaxi in den Anden erinnerten ihn die geneigten Eisspitzen an Büßer mit gebeugtem Körper.

Eisbruch bezeichnet eine Zone extremer Spaltenbildung in Längs- und Querrichtung eines Gletschers. Er entsteht, wenn ein Gletscher über eine ausreichend hohe Geländestufe abbricht.

Firn bezeichnet Schnee, der mindestens ein Jahr alt ist. Durch wiederholtes Tauen und Gefrieren verschmelzen die feinen Schneekristalle zu graupelartigen Körnern. Ein Meter Firn ist in der Regel aus acht Meter Neuschnee entstanden.

Randkluft bezeichnet die Trennlinie zwischen dem Fels und einem Gletscher oder Firnfeld.

Sérac bezeichnet Türme aus Gletschereis, die sich häufig an Gletscherbrüchen bilden.

Toteis bezeichnet Gletschereis, das nicht mehr mit dem fließenden, aktiven Teil des Gletschers verbunden und meist von Sedimenten bedeckt ist.

Wechte bezeichnet Schneeablagerungen an Kämmen, Graten oder anderen Geländekanten. Wechten haben meist auf der steileren und der dem Wind abgewandten Seite des Grates einen keilförmigen Überhang.

Wettersturz bezeichnet einen heftigen und insbesondere plötzlichen Umschlag des Wetters. Besonders im Hochgebirge ist ein Wettersturz sehr gefährlich.

Materialschlacht

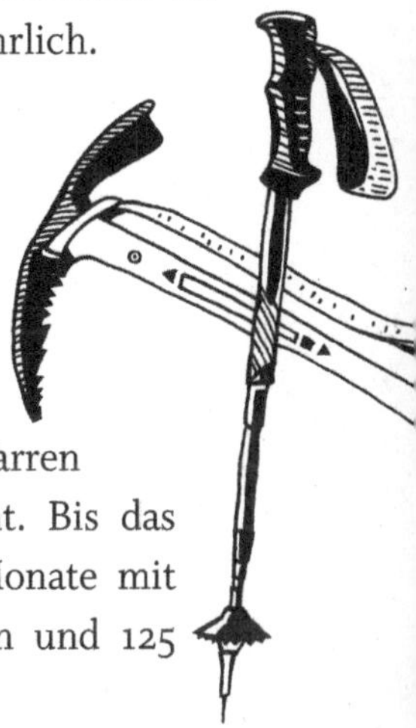

Bei der Erstbesteigung des tausend Meter hohen Granitpfeilers der Nose am El Capitan im Yosemite Valley veranstaltete Warren Harding eine unfassbare Materialschlacht. Bis das Ziel erreicht war, vergingen achtzehn Monate mit 45 Klettertagen, während der 675 Haken und 125 Bohrhaken in die Wand gesetzt wurden.

Jodel-Rekorde

Der Österreicher Josef Pommer (1845 – 1918) sammelte Volkslieder und war Herausgeber der Zeitschrift *Das Deutsche Volkslied.* Pommer hat außerdem die mutmaßlich umfangreichste Jodler-Sammlung der Welt zusammengetragen, die er 1902 unter dem Titel »444 Jodler und Juchezer« veröffentlichte.
Der Österreicher Roland Roßkogler ist Rekordhalter im Dauerjodeln. Er jodelte vierzehn Stunden und 37 Minuten am Stück – bislang unüberjodelt.
Den Weltrekord im Schnelljodeln hält der Schweizer Peter Hinnen. Ihm ist es gelungen, binnen einer einzigen Sekunde 22 einzelne Jodel-Töne zu äußern.

Das Land, wo Milch und Gletscher fließen

Das grau oder weiß getrübte Wasser, das an Gletschern abfließt, wird als »Gletschermilch« bezeichnet. Das Wasser transportiert vom Eis fein zerriebenes Gesteinsmehl, wodurch die Mischung wenigstens an Magermilch erinnert. Wenn Bäche und Flüsse voll Gletschermilch in Seen münden, ändert sich ihre Farbe. In stehenden Gewässern reichert sich das Gesteinsmehl an. Trifft Sonnenlicht auf das Gemisch, reflektiert es insbesondere blau-grüne Lichtanteile. Diese Seen strahlen deshalb ganz unmilchig in kräftigem Türkis.

Jäger der verlorenen Pisten

Unter dem Schlagwort LSAP betreiben einige Enthusiasten in den Alpen Freizeitforschung. Die Abkürzung steht für »Lost Ski Area Project«. Die Gemeinschaft von etwa fünfzig Leuten erforscht und dokumentiert aufgegebene Skianlagen in den Alpen. Die Luxemburgische Sozialistische Arbeiterpartei verwendet ebenfalls die Abkürzung LSAP.

Angst vor der Höhe

Akrophobie bezeichnet die Angst vor großer Höhe. Meist wird diese Phobie aber schlicht Höhenangst genannt. Der Begriff leitete sich von den griechischen Begriffen »Akra« für Gipfel beziehungsweise Spitze und »Phobos«, »Phobia« für Angst oder Furcht her. Wörtlich ließe sich Akrophobia demnach als Gipfelangst übersetzen.

Was ist steil?

Wann empfinden Menschen einen Hang als besonders steil? Jeder Bergwanderer hat bereits erlebt, dass ihm ein Hang von unten aus gesehen weniger steil erscheint, als wenn er von oben hinabblickt. Das ist aber noch nicht alles. Die Wahrnehmung des Menschen verändert sich durch Angstzustände. Einfach ausgedrückt: Je mehr Angst ein Mensch empfindet, wenn er einen Hang hinabblickt, desto steiler erscheint ihm dieser. Wissenschaftler um die Psychologin Jeanine Stefanucci haben diesen Zusammenhang in einem Experiment belegt. Die Forscher stellten ihre Probanden an einem Hang entweder auf ein Skateboard oder auf eine Holzkiste von gleicher Höhe. Dann sollten sich die Teilnehmer des Tests vorstellen, wie sie den Berg hinabgelangen würden. Wer auf dem Skateboard stand, stellte sich vor, auf dem Brett ins Tal zu fahren. Die andere Gruppe stieg in ihrer Vorstellung lediglich von der Kiste herunter und lief ins Tal. In einer Befragung zeigte sich, dass jene Probanden größere Ängste ausstehen mussten, die vom Skateboard aus in die Tiefe blickten. Anschließend wurden die Teilnehmer gebeten, die Steilheit des Hangs anzugeben. Alle überschätzten sie maßlos. Der Hang hatte eine Neigung von sieben Grad. Die Probanden glaubten hingegen im Durchschnitt, dass er 25 Grad steil sei. Besonders hohe Werte gaben dabei die Testteilnehmer an, die zuvor auf dem Skateboard gestanden hatten. Auch als Psychologen die Teilnehmer baten, die Steilheit des Hangs mit zwei Brettern zu verdeutlichen, indem sie einen Winkel daraus bilden sollten, verschätzten sich die Probanden – wenn auch etwas weniger.

Asche in den Himmel

Im Frühjahr 2010 hatte ein Sherpa geplant, die Asche Edmund Hillarys auf den Gipfel des Mount Everest zu tragen. Apa Sherpa wollte dort die sterblichen Überreste des Neuseeländers verstreuen, der 1953 zusammen mit Tenzing Norgay den höchsten Gipfel der Welt als Erster bestiegen hatte. Buddhistische Geistliche verhinderten das Vorhaben. Die Lamas argumentierten, dass es Unheil bringe, Asche an einem heiligen Ort zu verstreuen. Außerdem sei es nicht wünschenswert, dass dieses Beispiel Schule mache und künftig Scharen reicher Bergsteiger in ihrem letzten Willen verfügten, dass man ihre Asche auf das Dach der Welt tragen solle.

Ein paar höchste Berge der Welt

- **Vom Meeresspiegel aus gemessen,** ist der Mount Everest im Grenzgebiet zwischen Nepal und China mit 8850 Metern der höchste Berg der Welt.
- **Vom Erdmittelpunkt aus gemessen,** ist der Chimborasso in Ecuador der höchste Berg der Welt. Das liegt daran, dass die Erde ein Rotationsellipsoid ist (wegen der Rotation und der Fliehkraft). Der Vulkan misst eine Höhe von 6384,557 Kilometern über dem Erdmittelpunkt und erreicht eine Höhe von 6267 Metern über dem Meeresspiegel.
- **Vom Fuß des Berges im Meer aus gemessen,** ist der Mauna Kea auf Hawaii der höchste Berg der Welt.

Dieser Schildvulkan liegt zum größten Teil unter Wasser und misst von seinem Fuß aus mehr als 9000 Meter Höhe. Wegen der ungenügend kartierten Tiefseeregion in diesem Gebiet schwanken die Angaben zwischen 10 000 und 9000 Metern. Der Mauna Kea erreicht eine Höhe von 4214 Metern über dem Meeresspiegel.

▲ **Vom Fuß des Berges auf dem Festland aus gemessen,** gilt manchen der Damavand in Iran als höchster Berg der Welt. Der Vulkan liegt etwa siebzig Kilometer nordöstlich der Hauptstadt Teheran und ist der höchste Gipfel des Elbrusgebirges. Der Vulkankegel erhebt sich etwa 4700 Meter über sein unmittelbares Umland, der Mount Everest ragt hingegen nur 3500 Meter aus dem topografischen Relief auf. Der Damavand erreicht eine Höhe von 5671 Metern über dem Meeresspiegel.

Frommes Material

Als »Herrgottsbeton« werden geologisch junge Konglomerate bezeichnet. Ein Konglomerat ist ein Sedimentgestein, das mindestens zur Hälfte aus Kies und Geröll besteht. Das Material sieht dadurch tatsächlich aus wie ein etwas schlampig angerührter Beton, in dem zu viele Kieselsteine stecken. Der Herrgottsbeton tritt am gesamten Alpenrand auf, zum Beispiel im Oberallgäu oder nahe St. Gallen in der Schweiz. Die dortigen Konglomerate sind geologisch sehr jung und tragen neben dem Namen Herrgottsbeton eine weitere Bezeichnung, nämlich Nagelfluh.

Ein paar ehemals höchste Berge der Welt

- Den antiken Griechen galt der Olymp (2917 Meter) als höchster Berg der Welt.
- Im alten China hielt man den 1545 Meter hohen heiligen Berg Tài Shān lange Zeit für den höchsten Gipfel der Erde.
- Das Mount-Kenya-Massiv (5199 Meter) im Osten Afrikas ist das zweithöchste Bergmassiv Afrikas. Das Vulkanmassiv bildete sich vor etwa 3,5 Millionen Jahren, zwei Millionen Jahre lang schleuderte die Erde hier Lava in die Höhe – so viel, dass der Mount Kenya vermutlich sogar einmal höher war als der Mount Everest.
- Das jüdische Volk der Samaritaner glaubte, ihr heiliger Berg Garizim (865 Meter) sei die höchste Erhebung der Erde und zugleich das Zentrum der Welt.
- Bis ins 18. Jahrhundert hinein galt vielen der Pico del Teide auf Teneriffa als höchster Berg der Welt. Der Vulkan erreicht eine Höhe von 3718 Metern.
- Bis Anfang des 19. Jahrhunderts galt der Chimborasso (6267 Meter) in Ecuador als höchster Berg der Welt. Der Berg erlangte durch den Besteigungsversuch des Universalgelehrten Alexander von Humboldt 1802 in Europa große Berühmtheit.

- Nachdem die britischen Offiziere William Spencer Webb und John Hodgson 1809 mit dem Dhaulagiri (8167 Meter) den ersten Achttausender des Himalajas vermessen hatten, galt dieser als höchster Berg der Erde.
- Um 1839 reichten Geografen den Titel des höchsten Berges der Welt an den Kangchendzönga weiter. Der Himalaja-Gipfel misst 8586 Meter.
- Im Jahr 1849 existierten erste Daten, laut denen der Mount Everest der höchste Berg der Welt sein könnte. In den folgenden Jahrzehnten wurde das weltweit anerkannt. Doch bis Anfang des 20. Jahrhunderts glaubten Geografen, dass in der tibetischen Region Amdo ein noch höherer Berg stünde. Es war damals verboten, das als heilig geltende Gebiet zu betreten.

Der Berg siegt

Auch kleine Berge haben die Kraft, dem Menschen und seiner Technik zu trotzen. Seit 1993 kämpfen Ingenieure beim Bau des Hallandsåsen-Tunnels in Südschweden mit massiven Problemen. Die Röhre soll unter dem Hallandsåsen-Höhenzug hindurchführen, der eine Höhe von maximal 226 Metern erreicht. Der Tunnel an der Westküste Schwedens soll Teil einer Eisenbahnverbindung zwischen Göteborg und Lund werden. Den Tunnelbauern gelingt es aber seit mehreren Jahren nicht, eine besonders schwierige Stelle zu überwinden. Kaum etwas haben sie unversucht gelassen. Sie haben

Bohrer weggestellt und stattdessen zu Sprengstoff gegriffen. Sie haben den Fels mit Chemie traktiert, bis sich die Kühe auf den Weiden an der Oberfläche vergifteten. Sie haben eindringendes Wasser mit einem Dichtungsmittel fernzuhalten versucht, durch das in den umliegenden Flüssen die Fische starben. Nun leiten sie Vereisungsflüssigkeit in den Berg. So soll der Fels in der kritischen Zone, wo er zu weich ist, verhärtet werden. Ursprünglich sollte der 8,5 Kilometer lange Tunnel 1997 fertig sein. Derzeit rechnen die Bauherren damit, dass das Projekt im Jahr 2015 abgeschlossen sein könnte.

Die Luft bleibt weg

Höhenmediziner des University College London haben am Mount Everest auf einer Höhe von 8400 Metern vier Teammitgliedern Blut aus der Arteria femoralis im Oberschenkel abgenommen und auf den Sauerstoffgehalt analysiert. Der mittlere Wert für Sauerstoff im arteriellen Blut, den die Ärzte bei der Blutgasanalyse ermittelten, lag bei 3,28 Kilopascal (kPa). Der geringste Wert lag sogar bei nur bei 2,55 kPa – diese Werte erreichen Menschen im Flachland lediglich kurz bevor sie sterben. Normalerweise liegt der Wert bei gesunden Menschen zwischen zwölf und vierzehn kPa. Wer einen Wert von weniger als acht kPa erreicht, gilt als ernsthaft krank.

Hoch und trocken

Grächen im Mattertal gilt als niederschlagsärmster Ort der Schweiz. Die mächtigen Walliser Alpen schirmen die Tiefdruckgebiete vom Atlantik und vom Mittelmeer wie eine gigantische Staumauer vom Tal ab. Die Feuchtigkeit, die von den Tiefdruckgebieten vorangeschoben wird, kondensiert nachts an den vergletscherten Gebirgszügen. Dadurch trocknet die Luft aus, und es fällt sehr wenig Regen. Zur Bewässerung ihrer landwirtschaftlich genutzten Flächen leiten die Grächer Einwohner seit Jahrhunderten das Schmelzwasser des nahen Riedgletschers durch vier Suonen. So werden historische Wasserleitungen im Schweizer Kanton Wallis bezeichnet. Die offenen Leitungen bestehen aus kleinen Kanälen. Manche sind aus Stein, andere aus Holz gefertigt und werden auch als Suenen, Bissen und Wasserfuhren bezeichnet. Der älteste Hinweis auf die Existenz solcher Wasserleitungen im Kanton Wallis stammt aus dem Jahr 930.

Am Ende aller Kräfte

Die Berge waren lange Zeit zu einem fernen Gebiet südlich der verstopften Autobahnen geworden. Dort fuhren Menschen wie meine ehemalige Mitbewohnerin Sabine hin, die sogar dann mit scheinbarer Leichtigkeit morgens um sechs aus dem Bett kam, wenn ihr nur ein Tag mit Examensvorbereitungen bevorstand. Für mich waren die Berge und vor allem das damit verbundene frühe Aufstehen ohne Reiz. Heute verstehe ich nicht mehr, wie das jemals so sein konnte. Heute kriege ich schon Herzrasen und feuchte Augen, wenn ich meiner Freundin Julia im Stau auf der Autobahn zwischen Basel und Luzern entgegenstammele, dass dort hinten am Horizont Eiger, Jungfrau und Mönch zu sehen sind. Mit diesem Ausblick würde ich glücklich einige Stunden im Stau stehen und dabei eskapistischen Bergphantasien nachhängen.

Mein Schulfreund Stefan holte mich ins Gebirge zurück. Mit Ende zwanzig überzeugte er mich davon, ein Mountainbike zu kaufen. Bis zu diesem Tag war ich nur einige Male im Monat mit einem alten Hercules-Damenrad mit Drei-Gang-Nabenschaltung und Zwanzig-Zoll-Felgen in München den Giesinger Berg hinaufgeradelt, um in unseren Band-Übungsraum zu kommen.

Für die erste Fahrt auf dem neuen, vollgefederten Bergfahrrad hatte Stefan eine Zweitagestour geplant. Dazu kombinierte er drei Touren aus dem „Moser" – wie der beliebteste Tourenführer fürs Bergrad genannt wird. Für den Teil, der uns an der Mondscheinspitze nahe des Achensees vorbeiführen sollte, hatte Herr Moser die Einschätzung „brutal perverse Tour" angegeben. Ich begann mir Sorgen zu machen. Letztendlich erlebte ich meine körperliche Kapitulation lange bevor wir auch nur in die Nähe dieser brutal perversen Mondscheinspitze gelangten.

Morgens um kurz nach sieben holte ich Stefan ab. Ich klingelte mehrmals. Erst als ich auch noch sein Telefon klingeln ließ, drückte er auf den Türöffner. Er hatte verschlafen, und er sah nicht gut aus nach einer Nacht, die er weitgehend in den Kneipen und Bars des Münchner Glockenbachviertels verbracht hatte.

Auf der Fahrt in den Ort Fall am Sylvensteinspeicher saß Stefan bleich auf dem Beifahrersitz, sprach kein Wort, stöhnte gelegentlich und fiel sonst nur durch unangenehme Laute auf, die Menschen machen, wenn sie zu viel getrunken haben und die Säure-Basen-Balance des Verdauungstraktes noch völlig unganzheitlich ist.

Die Tour führte uns von Fall ins Rißtal bis nach Hinterriß. Dort begann die erste knackige Steigung auf einem ausgewaschenen Pfad bis hinauf zur Fereinalm. Es begann zu regnen. Ständig drehte mein Hinterrad auf nassen Ästen oder Wurzeln durch. Und jedes Mal fiel es mir schwer, auf dem steilen Schotter wieder anzufahren. Mittlerweile war ich unter dem Regenzeug genauso nass, wie ich ohne die Goretex-Jacke und -Hose gewesen wäre. Kurz vor der Fereinalm wechselte ich in Stop-and-go-Modus. Ich strampelte ein paar Meter und hing dann keuchend über dem Lenker.

Stefan hatte sich unterdessen gut erholt, eine gesunde Gesichtsfarbe und gute Laune bekommen. Er trieb mich zu Eile an. Ich verstummte und flüchtete mich in Phantasien, in denen weiße Bettwäsche und heiße Duschen in einer Mittenwalder Pension vorkamen. Stattdessen hatte Stefan die Falkenhütte im Karwendel als Ziel benannt – und vor die Falkenhütte hatten der Deutsche Alpenverein und der liebe Gott noch das Karwendelhaus und den Kleinen Ahornboden gesetzt.

Schon die Abfahrt nach Mittenwald geriet anstrengend. Stefan hatte die Anweisungen aus dem „Moser" nur mäßig richtig interpretiert. Statt einen breiten Forstweg bergabzubrettern, schoben und trugen wir die Fahrräder einen steilen, engen Pfad namens „Jägersteig – für Fahrräder gesperrt!" ins Tal.

Während wir in Scharnitz an einer Tankstelle unter einem Dach standen, etwas tranken und in den strömenden Regen blicken, rang ich mit mir, wie ich Stefan eine verfrühte Übernachtung im Tal ohne großen Gesichtsverlust schmackhaft machen könnte. Ich kam zu keinem Ergebnis. In Scharnitz interpretierte Stefan den „Moser" abermals sehr frei. Wir nahmen das Gegenteil einer Abkürzung, die uns schließlich doch ins Karwendeltal und in Richtung Karwendelhaus führte.

Unterwegs ließ der Regen nicht nach, dafür aber meine mickrigen Restkräfte. Auf den letzten paar Hundert Höhenmetern unterhalb des Karwendelhauses lieferten wir eine perfekte Inszenierung einer Demütigung am Berg. Ich keuchte, stierte benommen vor mich hin und ertrug Stefans Beschwörungen, dass es nun ja wirklich nicht mehr weit sei und wir im Karwendelhaus übernachten sollten statt auf der noch weiter entfernten Falkenhütte.

Alle 150 Meter blieb ich stehen, hängte mich über die Lenkerstange und wollte sterben. Stefan steckte sich dann gelegentlich eine Zigarette an, erinnerte mich daran, dass er gestern Nacht feiern gewesen war und wenig geschlafen hatte. Während er die letzte Lunge voll Nikotin, Kondensat und anderen Schlappmachern in den verregneten Spätnachmittag blies, fragte er, ob ich denn nun endlich in der Lage sei, weiterzufahren.

150 Meter und viele sterbenselende Momente über der Lenkerstange weiter wimmerte ich, dass ich nicht mehr könne. Noch niemals hatte ich eine derartige Erschöpfung erlebt. Mir war egal, dass es bald dunkel werden würde, dass es noch regnete, dass Stefan ungeduldig wurde. Mir war alles egal, nur eines nicht: Ich wollte auf keinen Fall weiterfahren.

Wir schoben die Räder bis zum Karwendelhaus. Für mich war das fast genauso anstrengend wie zu fahren. Stefan bot das die Gelegenheit, unterwegs noch einige Zigaretten zu rauchen. Im Winterraum der Karwendelhütte stammelte ich seltsames Zeug, während Stefan den anderen zwei Wanderern, die dort übernachten wollten, irgendetwas über seinen nicht bergfesten Bergradl-Kameraden erzählte. Also mich.

Am nächsten Morgen schmerzte mein ganzer Körper. Es tat selbst an Stellen weh, an denen ich niemals Muskeln vermutet hätte. Mein erster Ganzkörpermuskelkater. Den „brutal perversen" Streckenabschnitt um die Mondscheinspitze ließen wir am nächsten Tag aus. Mir reichte schon die Kuschelvariante der Tour, um den Tod herbeizusehnen.

Seit dieser Tour bin ich mit der Leidenschaft für das Mountainbike infiziert.

Bergführer

Der Dalai Lama, Popstar spirituell suchender Europäer, trägt für einen religiösen Führer eines Volkes vom Dach der Welt einen recht flachländischen Namen: Der Tibeter wird von seinem Volk auch »Ozean der Weisheit« genannt. Das deutsche Magazin *stern*, das in der Hafenstadt Hamburg herausgegeben wird, nahm eine andere Perspektive ein, als es den Dalai Lama 1971 als »Der Heilige auf dem Berg« betitelte. Nun, wer auf dem Berg sitzt, orientiert sich nach unten, diejenigen aus dem Tal blicken nach oben.

S-M-Berge

In Togo an der Westküste Afrikas liegt das Agomegebirge. Dieser Teil des sogenannten Togogebirges erreicht eine Höhe von bis zu 980 Metern, besteht aus Gneis, Granit sowie Sandstein und hieß früher Fetischgebirge.

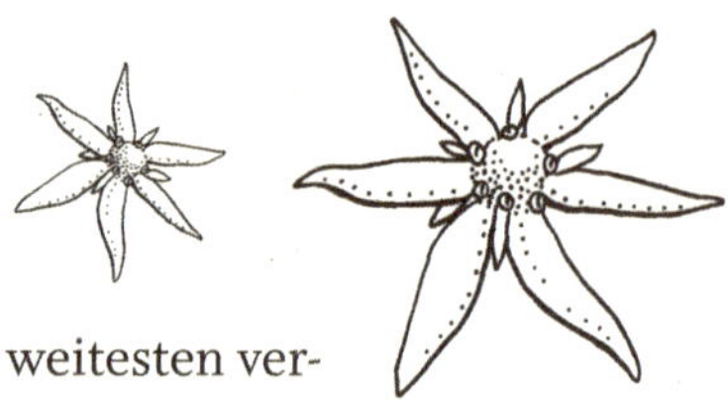

Ein Logo

Das Edelweiß ist eines der am weitesten verbreiteten Symbole der Alpen. Es schmückt Vereinswappen, Schriften, Münzen und Hütten. Das Edelweiß wird in Gedichten gepriesen, in Liedern besungen und in »Asterix bei den Schweizern« veralbert. Im Jahr 2005 brachte die österreichische Post sogar eine gestickte, auf 400 000 Stück limitierte Textil-Briefmarke heraus, die einen Nennwert von 375 Cent hat und ein Edelweiß auf grünem Stoffgrund zeigt. Wo das Edelweiß sonst noch auftaucht:

- Logo des Deutschen Alpenvereins
- Logo des Österreichischen Alpenvereins
- Logo des Österreichischen Alpenklubs
- Logo des Alpenvereins Südtirol
- Logo des Schweizer Tourismus-Verbands
- Zeichen der Bergwacht (außer der Bergwacht Schwarzwald, die ein Kreuz im Logo führt)
- Zeichen der österreichischen Bergrettung
- Listenzeichen der Südtiroler Volkspartei
- Bergmützenabzeichen der Gebirgstruppe der Bundeswehr
- Abzeichen auf dem Feld der Gebirgsjäger, Gebirgspioniere und Soldaten mit Heeresbergführer-Ausbildung des österreichischen Bundesheeres
- Randabzeichen von Generälen der Schweizer Armee sowie Generalstabsoffizieren
- Im Schweizer Pass
- Rückseite der österreichischen Zwei-Cent-Münze
- Schweizer Fünf-Franken-Münze
- Logo der Schweizer Fluggesellschaft Edelweiss Air
- Brandzeichen für Haflingerpferde

Berge und die Kirche

Ararat, 5137 Meter, Türkei Der ruhende Vulkan ganz im Osten des Landes ist der höchste Berg der Türkei. Laut Berichten in der Bibel soll die Arche Noah nach dem Ende der Sintflut auf dem Berg Ararat gelandet sein.

Cudi Dağı, 2114 Meter, Türkei Der Berg liegt in der türkischen Provinz Sirnak. Laut den Berichten des Korans soll die Arche Noah nach dem Ende der biblischen Sintflut auf einem Gipfel namens al-Dschudi gestrandet sein. Zahlreiche Gelehrte glauben, dass damit der Cudi Dağı gemeint war.

Berg Sinai, 2285 Meter, Ägypten Der Berg auf der gleichnamigen Halbinsel gilt vielen als jener Gipfel, auf dem Moses die Zehn Gebote von Gott empfing. Auf dem Gipfel befinden sich eine Moschee aus dem 12. Jahrhundert sowie eine christliche Kapelle, die dort 1934 auf der Ruine einer Kapelle aus dem 6. Jahrhundert errichtet wurde.

Nebo, 808 Meter, Jordanien Der Berg Nebo bietet einen herrlichen Ausblick auf das Jordantal und das Tote Meer. Laut Überlieferung ist dies der Berg, von dem aus Moses das Gelobte Land erblickte. Er starb aber, ohne es je zu betreten.

Ölberg, 827 Meter, Israel Der Ölberg nordöstlich der Altstadt von Jerusalem spielt im Christen- und Judentum sowie im Islam eine wichtige Rolle. Für Christen ist er unter anderem der Ort, von dem aus Jesus in den Himmel aufgefahren ist.

Athos, 2033 Meter, Griechenland Athos ist eine autonome Mönchsrepublik, die unter der Souveränität Griechenlands steht. Der höchste Punkt der Halbinsel, deren Namen ins Deutsche übertragen »Heiliger Berg« bedeutet, erreicht 2033 Meter. Frauen dürfen den Berg Athos nicht betreten, das gilt selbst für weibliche Tiere – mit zwei Ausnahmen: Hühner und Katzen. Eier brauchen auch die heiligen Männer des Klosters. Ebenso den Jagdinstinkt der Katzen, um der Mäuse- und Rattenplage Herr zu werden.

Croagh Patrick, 764 Meter, Irland Im Jahr 441 stieg der heilige St. Patrick, Patron Irlands, auf den Berg im Westen des Landes. Laut Legende fastete er dort vierzig Tage lang und erbaute eine Kapelle. Außerdem warf er eine Glocke den Berg hinab und vertrieb so alle Schlangen von der Insel. Der Croagh Patrick trägt auch den Namen The Reek. Am sogenannten Reek-Sunday, dem letzten Sonntag im März, steigen jedes Jahr um die 25000 Pilger zu Ehren des heiligen Patrick auf den Berg.

Kloster Andechs, 690 Meter, Bayern Im Jahr 1392 erwähnte eine Urkunde erstmals das Kloster auf dem »Heiligen Berg« zwischen Starnberger See und Ammersee im Süden Münchens. In längst vergangenen Zeiten rühmte sich das Kloster, im Besitz einer besonderen Reliquie zu sein, der heiligen Vorhaut Jesu. In der Gegenwart ist das Benediktinerkloster vor allem für seine Brauerei bekannt. So pilgern heute Scharen von Menschen und huldigen auf dem Heiligen Berg der Gemütlichkeit, dem Bockbier und dem Andechser Hellen.

Deutsche Berge

Der 2484 Meter hohe Moltkeblick ist der höchste Gipfel der Auasberge im Zentrum Namibias. Auch Namen der anderen Gipfel des Gebirgszugs zeugen von der Zeit der deutschen Kolonialherrschaft bis 1918: Großherzog-Friedrich-Berg, Kempinskiberg und Stormberg. Östlich der Auasberge liegen die Bismarckberge. Nicht weit entfernt befindet sich ein Gebirgszug, der namentlich hingegen etwas aus dem Rahmen fällt: die Erosberge. Deren höchster Gipfel ist der Ludwigskop (2133 Meter). Weitere Gipfel der Erosberge sind der Zagenicht (2007 Meter) und der Bockstein (1805 Meter).

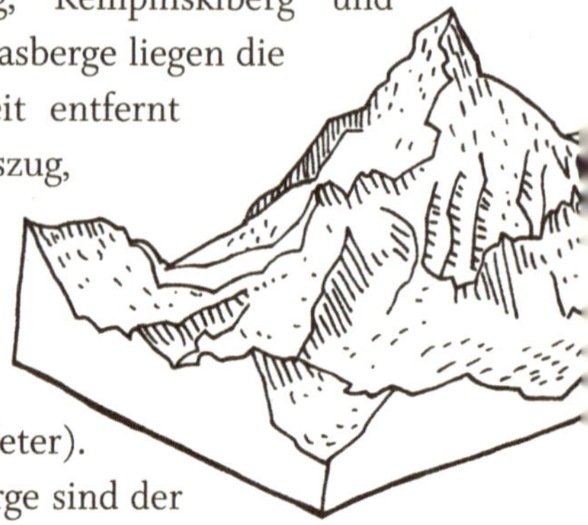

Schwindelerregender Luxus

Im Mai 1996 starben zwölf Bergsteiger am Mount Everest, als sie in einen Wettersturz gerieten. Der amerikanische Journalist Jon Krakauer schrieb darüber eines der meistverkauften Bergbücher aller Zeiten: »In eisige Höhen«. Krakauer berichtet darin auch von der wohlhabenden New Yorkerin Sandy Hill Pittman und ihren Allüren. Die Society-Dame hatte bei einer Abenteueragentur eine Tour auf den höchsten Berg der Welt gebucht und wollte auch in der Wildnis des Himalajas nicht auf vertraute Annehmlichkeiten verzichten. Sie trank Espresso aus einer eigens herangeschleppten Maschine, ließ sich die neuesten Ausgaben der *Vogue* hinterhertragen, bestand darauf, dass ein Sherpa ihr den Schlafsack rollte und verstaute. Per Faxgerät und Satellitentelefon hielt sie ihre Freunde in New York über ihr Abenteuer auf dem Laufenden. Pittman wurde durch Krakauers Buch zur Hassfigur und zum Symbol des verderbten Massentourismus am Mount Everest.

Sandy Hill Pittman stand mit ihrem Auftreten am Berg jedoch in einer langen Tradition – sie hatte historische Vorbilder. So ließ sich die reiche Pariserin Henriette d'Angeville bei ihrer Besteigung des Montblanc im Jahr 1838 Champagner auf den Gipfel tragen, um dort auf den Grafen von Paris anzustoßen. Des Weiteren schleppte ihre Mannschaft fünf Brieftauben mit auf den höchsten Gipfel der Alpen: Henriette d'Angeville schickte ihren Pariser Society-Freunden damit Nachrichten vom Montblanc. Eine Tour auf einen besonders hohen Berg machte offenbar schon immer dann großen Spaß, wenn man seine Freunde und Feinde an dem persönlichen Triumph so unmittelbar wie möglich teilhaben lassen konnte.

Die Montblanc-Braut

Henriette d'Angeville bestieg 1838 als zweite Frau in der Geschichte des Alpinismus den Montblanc. Die Dame trug später den Namen »Montblanc-Braut«. Während der Tour hatten die dreizehn Teilnehmer viel zu tragen: Henriette d'Angeville ließ Lebensmittel in großzügigem Umfang mitnehmen. Die Proviantliste: 24 Hühner * 2 Hammelkeulen * 2 Ochsenzungen * 6 Laib Brot zu je 3 bis 4 Pfund * 1 Fass Wein * 18 Flaschen Bordeaux-Wein * 1 Flasche Cognac * 1 Flasche süßen Sirup * 12 Zitronen * 3 Pfund Zucker * 3 Pfund Schokolade * 3 Pfund gedörrte Pflaumen * 13 Portionen Pudding * 13 Flaschen Limonade * 13 Flaschen Orangeade * 13 Portionen Hühnerbouillon

Doping am Berg

An der Erstbesteigung des Nanga Parbat von 1953 klebt ein kleiner Makel. So wird dem Bezwinger Hermann Buhl gelegentlich vorgeworfen, dass er auf dem letzten Stück zum Gipfel das aufputschende Mittel Pervitin eingenommen hat. Der Tiroler Bergsteiger hatte die Droge auf Anraten des Expeditionsleiters und Arztes Karl Herrligkoffer bei sich. Pervitin ist N-Methylamphetamin, das unter dem Namen Methamphetamin oder auch nur Meth sowie Crystal in den USA als ille-

gale Droge in den vergangenen Jahren von einer wachsenden Zahl Süchtiger konsumiert wird. 1938 wurde der Stoff von den Berliner Temmler-Werken auf den Markt gebracht. Das Mittel wirkt stark aufputschend und kurzfristig leistungssteigernd. Zu Beginn des Zweiten Weltkrieges bekamen Zigtausende deutsche Soldaten Pervitin. Während der Feldzüge gegen Polen und Frankreich dämpften Landser, Panzer- und Lkw-Fahrer oder Piloten damit ihre Angst, bekämpften Müdigkeit und steigerten ihre Konzentration. Alleine zwischen April und Juni 1940 bezogen Wehrmacht und Luftwaffe 35 Millionen Einheiten Pervitin beziehungsweise Panzer-Schokolade, Stuka-Tabletten oder Hermann-Göring-Pillen, wie die Soldaten das Mittel unter sich nannten. Kurz darauf gab es die Droge nur mehr auf Rezept.
Obwohl Buhl im Gipfelbereich des 8125 Meter hohen Nanga Parbat Pervitin zu sich nahm, bleibt seine Leistung unfassbar. Buhl war bei seiner Gipfelbesteigung 41 Stunden lang allein und ohne künstlichen Sauerstoff in einer Höhe von mehr als 7000 Metern unterwegs. Er überstand dabei eine Nacht im Stehbiwak in einer Wand auf 8000 Metern Höhe – ohne Seil, ohne Eispickel, ohne Essen oder Trinken und mit nur einem Steigeisen. Gut möglich, dass Buhl ohne die Droge nicht überlebt hätte.

Berge und ihre Namen 2: Tiere und Pflanzen

- Ahorn, Kanton Bern, Schweiz, 1140 Meter
- Großer Hundstod, Berchtesgadener Alpen, Deutschland, 2593 Meter
- Hasenohren, Schladminger Tauern, Österreich, 2310 Meter
- Hühnereck, Wölzer Tauern, Österreich, 2035 Meter
- Hundsofen, Dachstein, Österreich, 2158 Meter
- Katzenbuckel, Odenwald, Deutschland, 626 Meter
- Kuhbett, Taunus, Deutschland, 526 Meter
- Kuhhaut, Venedigergruppe, Österreich, 3190 Meter
- Natterriegel, Gesäuse, Österreich, 2065 Meter
- Roßarsch, Totes Gebirge, Österreich, 2205 Meter
- Sauberg, Schladminger Tauern, Österreich, 2520 Meter
- Sauofen, Schladminger Tauern, Österreich, 2415 Meter
- Schafdach, Wölzer Tauern, Österreich, 2314 Meter
- Schafkopf, Lechtaler Alpen, Österreich, 2420 Meter
- Schafmatt, Kanton Luzern, Schweiz, 1979 Meter
- Schafnase, Obwalden, Schweiz, 2011 Meter
- Wurmberg, Harz, Deutschland, 971 Meter

Markige Bergworte

Bergsteiger beschwören gerne den Geist der Kameradschaft. In markigen Worten loben sie die besondere Verbindung zu ihren Seilpartnern und Expeditionsgefährten. Hermann Buhl, Erstbesteiger des Nanga Parbat, schrieb in seiner Alpin-Autobiografie »Achttausend drüber und drunter«: »Eisglasuren springen unter den Hammerschlägen vom glatten Fels, dann erst kann ich mit dem Fingernagel nach einer Ritze suchen. Es dauert jedes Mal eine Ewigkeit, bis dann ein Haken eingetrieben ist. Aber was nützt schon ein Haken, wenn er nicht sitzt? Es ist uns klar, dass hier ein Sturz ins Seil – so oder so – unser Ende bedeuten würde. Aber kein Wort des Verzagens kommt über unsere Lippen. Hier beweist sich wieder einmal echte Bergkameradschaft. Nur einen Augenblick zweifeln, ein einziges verzagtes Wort könnte schon zur Katastrophe führen. Einer muß den anderen im Glauben lassen, dass man der Situation gewachsen sei, auch wenn es längst nicht mehr so ist.«

Blöde Berge

Der deutsche Philosoph Georg Wilhelm Friedrich Hegel (1770–1831) ließ sich von den großen Gipfeln der Alpen nicht beeindrucken. Obwohl ein Hauptteil seiner »Phänomenologie des Geistes« als »Naturphilosophie« bezeichnet war, verabscheute er die Natur in den Bergen. So meckerte er in seinem Tagebuch im Jahre 1796, die Gletscher der Alpen seien »kothig«, der Eiger löse bei ihm kein »Gefühl von Größe und Erhabenheit aus«, die Steinwüsten der Grimsel seien »formlose Massen« und böten eine »langweilige Vorstellung«.

Exotische Ziele

Auch auf dem Mars gibt es hohe Felswände. Längs des Äquators des Roten Planeten erstreckt sich ein Grabenbruchsystem von 4000 Kilometern Länge und einer Breite von bis 700 Kilometern. Diese Valles Marineris (Mariner Täler) erreichen stellenweise eine Tiefe von sieben Kilometern. Die Täler werden von steilen Felswänden begrenzt. Ein großer Teil des Grabensystems besteht aus drei parallel verlaufenden Tälern von jeweils etwa 200 Kilometern Breite. Jedes dieser Täler erreicht eine vielfach größere Ausdehnung als der Grand Canyon im US-Bundesstaat Arizona. Die Valles Marineris – benannt nach der Raumsonde »Mariner 9«, die Anfang der Siebzigerjahre die ersten Fotos des Grabensystems machte – sind die größten Canyons und womöglich auch der Ort mit den höchsten Steilwänden unseres Sonnensystems.

Aufruf an alle

Im August 1841 veröffentlichte Ignaz von Kürsinger in der *Salzburger Zeitung* einen öffentlichen Aufruf, sich an der Erstbesteigung des Großvenedigers zu beteiligen:

»Es wird von Mittersill aufgebrochen, von Neukirchen noch am nämlichen Tage durch das obere Sulzbachtal vorgedrungen, und in der Hoferalpe auf Alpheu übernachtet, des anderen Tages um ein Uhr Morgens mit Fackeln aufgebrochen, um innerhalb sieben bis zehn Stunden zur Spitze des Bergriesen zu der unbeschränkten entzückenden Aussicht zu gelangen, und dann am selben Tage bei der Hoferalpe im Rückwege wieder zu übernachten; am dritten Tage kann demnach bey guter Zeit die Rückkunft in Mittersill erfolgen. Da der Weg durch viele Stunden über Eisflächen und Klüfte geht, so wird jedem Theilnehmer das Mitnehmen von scharfgespitzten Fußeisen und guten eisenbeschlagenen Bergstecken, dann schwarzen Flören oder grünen Augengläsern empfohlen. Für Führer, Träger und Stricke (gegen Abstürzen in die Eisklüfte) wird gesorgt. Naturfreunde und Verehrer der wunderschönen Alpenwelt mit entzückenden Fernsichten, die hieran Antheil nehmen wollen, werden hiezu freundlich eingeladen. Mittersill, den 22. August 1841. Das Comité für Besteigung des großen Venedigers.«

Der Schwarm

Dohlen beschützen einander. Um die Rabenvögel zu einem Angriff zu provozieren, reicht es mitunter schon aus, in ihrer Gegenwart einen schwarzen Lappen in die Hand zu nehmen und zu schütteln. Wer zusätzlich das klagende Geschrei einer verängstigten Dohle nachahmen kann, der muss sich bald eines ganzen Schwarms aggressiver Vögel erwehren.

Alpenvogel von Marokko bis Tibet

Alpendohlen (*Pyrrhocorax graculus*) nisten in größeren Höhen als die meisten anderen Vögel. Die Tiere leben ganzjährig in einem Bereich zwischen 1500 und 3900 Metern über dem Meeresspiegel. Die schwarz gefiederten Tiere bauen ihre Nester in Spalten und kleinen Höhlen, die in steilen und möglichst unzugänglichen Felswänden liegen. In der Regel legen Alpendohlen drei bis fünf Eier. Obwohl sie Alpendohlen heißen, leben die Tiere auch in anderen Gebirgen der Erde. Ihr Verbreitungsgebiet erstreckt sich von Marokko über die Pyrenäen, die Alpen, die Abruzzen und den Balkan bis zum Kaukasus und dem Himalaja.

Hollywood-Berg

»Avatar – Aufbruch nach Pandora« war der erste Film, der mehr als 2,5 Milliarden US-Dollar einspielte. Auch in China schlug der Science-Fiction-Film des Regisseurs James Cameron alle Rekorde. Im Januar 2010 meldete die Nachrichtenagentur AFP, dass die Begeisterung in einer Stadt des Landes besondere Auswirkungen habe: Ein Berggipfel nahe Zhangjiajie in der Provinz Hunan solle nicht mehr länger »Himmel-und-Erde-Säule«, sondern ab sofort »Avatar-Hallelujah-Berg« heißen. Dies habe die Stadtverwaltung mitgeteilt. Laut der Lokalzeitung *XiaoXiang Morning News* habe ein Hollywood-Fotograf im Dezember 2008 die Region besucht und Fotos von dem Berg geschossen. Davon hätten sich die Macher von Avatar schließlich inspirieren lassen, als sie einen wandernden Berg für das Epos entworfen hatten.

Für die Zukunft

Sämtliche Achttausender sind bestiegen. Am Mount Everest scheint es manchmal, als lieferten sich nur Einbeinige, blinde Greise oder Jugendliche im Vorschulalter einen Wettlauf um die absurdesten Rekorde. Doch noch gibt es unzählige unbestiegene Gipfel, an denen sich Alpinisten den Respekt der Bergsteigerszene verdienen können. Die Höchsten von ihnen sind:

- Gangkhahr Puensum, Bhutan/China, 7570 Meter
- Saser Kangri II, Ostgipfel, Indien, 7518 Meter
- Muchu Chhish, Pakistan, 7453 Meter
- Kunyang Chhish Ost, Pakistan, 7431 Meter
- Nangpai Gosum II, Nepal/Tibet, 7321 Meter
- Summa Ri I, Pakistan/China, 7302 Meter
- Pumari Chhish Südost, Pakistan, 7297 Meter
- Saser Kangri Plateau-Spitze, Indien, 7287 Meter
- Lapche Kang II, Tibet, 7250 Meter
- Apsarasas Kangri III, Indien/China, 7236 Meter
- Karjiang I, Tibet, 7221 Meter
- Tongshanjiabu, Bhutan/China, 7207 Meter
- Skyang Kangri West, Pakistan/China, 7174 Meter
- Yermanendu Kangri, Pakistan, 7163 Meter
- Chamar Süd, Nepal, 7161 Meter
- Gasherbrum V, Pakistan, 7147 Meter
- Namcha Barwa II, Tibet, 7146 Meter
- Chongtar Kangri Nordost, China, 7145 Meter
- Asapurna I, Nepal, 7140 Meter
- Praqpa Kangri, Pakistan/China, 7134 Meter
- Mandu Kangri, Pakistan, 7127 Meter
- Teri Kang, Bhutan, 7125 Meter
- Sanglung, Tibet, 7095 Meter
- Sia Kangri II, Indien/Pakistan, 7093 Meter
- Himlung II, Nepal, 7092 Meter
- Urdok Kangri II, Pakistan/China, 7084 Meter
- Asapurna II, Nepal, 7069 Meter
- Thulagi Chuli, Nepal, 7059 Meter
- Karjiang II, Tibet, 7045 Meter
- Link Sar, Pakistan, 7041 Meter

- Chomolhari Kang, Bhutan/China, 7034 Meter
- Shudu Tsenpa, Indien/China, 7024 Meter
- Lapche Kang II, Tibet, 7020 Meter
- Chong Kumdang Ri II, Indien, 7004 Meter
- Sherpi Kangri Ost, Indien, 7000 Meter
- Ghent Kangri III, Indien, 7000 Meter

Zweite Karriere

Marie Paradis (1778 – 1839) erstieg als erste Frau den Gipfel des Montblanc. Im Sommer 1808 luden der Erstbesteiger des Berges, Jacques Balmat, sowie zwei Bergführer die junge Frau aus Chamonix spontan zu einer Tour auf den höchsten Berg der Alpen ein. Sie willigte ein und erreichte gemeinsam mit den Männern erfolgreich den Gipfel – wobei sie einige Streckenabschnitte von diesen getragen wurde und die Expedition angeblich nur halbtot überstand. Nach dem Erfolg wurde Marie Paradis unter dem Namen »Marie Montblanc« eine lokale Berühmtheit. Sie nutzte ihre Bekanntheit und eröffnete einen gut laufenden Teeausschank. Über ihre Besteigung des Montblancs sagte sie vor allem eines: »Nie wieder.«

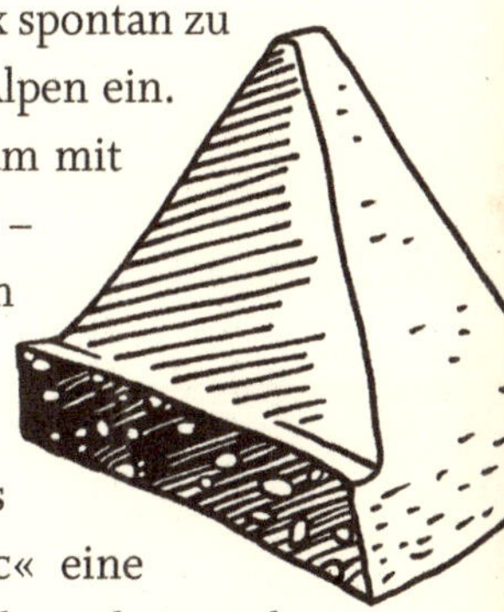

Wilde Bergvölker

Die Kommunikation mit den Einheimischen in Baltistan war problemlos. Die Menschen im Norden Pakistans teilten uns klar und deutlich mit, was sie von uns erwarteten – nämlich unsere Leki-Wanderstöcke und meine Brille. Es reichte, dass ein Bauer bei der Feldarbeit aus der Ferne mitbekam, dass da drei Europäer mit knallbunten Rucksäcken durch ihr Tal marschierten, um mit ausladenden Gesten oder Geschrei auf sich aufmerksam zu machen. Kamen sie zu uns gelaufen, zeigten sie auf die Wanderstöcke oder versuchten mir grinsend die Brille von der Nase zu nehmen. Manche beherrschten etwas Englisch und sagten ohne vorherigen Austausch irgendwelcher Höflichkeitsfloskeln: „Give me stick!" oder „Give me glasses!"

Stefan, Thomas und ich flüchteten in eine Art überheblichen Selbstschutz. Während wir allein liefen, machten wir uns über die bitter armen Menschen lustig, die Teile unserer Ausrüstung begehrten. Kamen sie uns entgegen, sagten wir dennoch freundlich „Salaam!" mit einem sehr lang gedehnten zweiten A und atmeten auf, wenn uns die Menschen auch nur freundlich grüßten und weiter ihres Weges gingen.

Wer uns von Weitem zuwinkte und etwas schrie, dem winkten wir nach ein paar Begegnungen nur mehr aus der Ferne zurück und gingen weiter, bevor auch er Anspruch auf unsere Ausrüstung erhob. Warum ausgerechnet die Teleskop-Skistöcke so furchtbar begehrt waren, habe ich nie richtig verstanden. Es schien, als habe es im Norden Pakistans schon Anfang der Neunzigerjahre eine Nordic-Walking-Welle gegeben.

Oft fragten uns Menschen in den verstreuten Dörfern um medizinischen Rat. Sie zeigten uns nässende Wunden, großflächige Hautekzeme, ließen uns trübe Augen begutachten und hielten uns vergilbte Zettel vor die Nase, auf denen Mediziner in uns fremden Buchstaben einst Diagnosen vermerkt hatten. Wir drei Zwanzigjährigen, die gerade das Abitur hinter uns gebracht hatten, im ersten Semester studierten, von der Bundeswehr für untauglich befunden worden waren und noch bei Mama und Papa wohnten, waren überfordert. Thomas hatte selbst mit einer Magen-Darm-Infektion zu kämpfen und wirkte oft apathisch. Ich setzte einen grimmigen Blick auf, während Stefan mit großer Geduld Desinfektionsmittel auf Wunden auftrug, Aspirin verteilte und mit pantomimischen Großleistungen erläuterte, dass die Tabletten geschluckt und nicht zerkaut werden müssten.

Nach einigen Tagen waren wir es, die bei Einheimischen um Ausrüstung bettelten. Wir hatten auf der Wiese bei einem Dorf übernachtet. Das Tal befand sich zwar auf etwa 3000 Metern über dem Meeresspiegel, doch tagsüber war es so elend heiß, dass unsere Hände an den Griffen der Wanderstöcke vom vielen Schweiß rasch so aufgeweicht und verschrumpelt waren, als hätten wir mehrere Stunden in einer heißen Badewanne gelegen. Wir bauten das Zelt deshalb nicht auf und legten uns unter freiem Himmel auf die Isomatten. Wir erzählten uns Geschichten und redeten darüber, welche Abenteuer uns in diesen Bergen noch erwarten würden. Alle paar Minuten sauste eine Sternschnuppe über den dunklen Himmel. Durch die große Höhe, in der wir uns befanden, erleuchteten sie das Tal, als habe jemand eine Signalrakete über die Gebirgszüge geschossen.

Am nächsten Morgen fehlten zwei Leki-Stöcke und das halbe Zelt. Das Gestänge steckte noch an der Seite eines Rucksacks, die Planen waren verschwunden. Angesichts der vielen Nordic-Walking-Fans in den umliegenden Dörfern vermuteten wir, dass sich wahrscheinlich Bewohner des nahen Dorfes nachts Zelt und Wanderstöcke geholt hatten. Wir stolperten zwar ziemlich naiv durch das Karakorum, aber so bekloppt, dass wir auf den Dorfplatz marschiert und die Bewohner des Diebstahls beschuldigt hätten, waren wir zum Glück doch nicht.

Auf dem Hauptplatz zwischen der Ansammlung von Hütten erzählten wir stattdessen eine Geschichte, die als Verhandlungsangebot dienen sollte: Wir seien drei recht schusselige Wanderer, und in unserer Unachtsamkeit müsse uns das Zelt beim Wandern vom Rucksack gefallen sein. Ein dummes Missgeschick, schon klar, aber vielleicht habe einer der Dorfbewohner das Bündel mit den Planen entdeckt. Von den Leki-Stöcken sprachen wir gar nicht. Wir versprachen dem ehrlichen Finder eine Belohnung von 500 Rupien – das entsprach damals etwa dreißig Mark und war in Nordpakistan ein Vermögen. Ein junger Mann in unserem Alter übersetzte. Er sprach Englisch, ging auf eine höhere Schule, wie er erzählte, und sei nur für die Sommerferien in seinem Heimatdorf.

Die Atmosphäre im Dorf war weder besonders freundlich noch beängstigend. Die Wände der Häuser bestanden aus geflochtenen Zweigen, deren Zwischenräume mit Lehm ausgefüllt waren. In einem Eck des Dorfes stand ein Badehaus. Kleine Kanäle oder Bäche führten über die unbefestigten Wege dorthin. An einigen Häuserwänden waren Plakate mit dem Porträt eines bärtigen Mannes aufgehängt. Er ähnelte dem iranischen Revolutionsführer Ayatollah Khomeini. Frauen waren nirgendwo zu sehen.

Einer der Würdenträger lud uns zum Tee ein. Wir saßen vor seinem Haus, man besprach noch einmal mit Händen und Füßen, wie ungeschickt es doch sei, ein halbes Zelt aus dem Rucksack zu verlieren. Der Mann gestikulierte, dass wir uns nur keine Sorgen machen müssten, und öffnete eine von außen verriegelte Tür. Aus dem fensterlosen Raum quoll Rauch. In der Mitte brannte ein offenes Feuer in einer kleinen Grube im Lehmboden. Daneben saß eine Frau in einer Burka. Der Mann verlangte Tee von der verschleierten Gestalt, schloss die Türe und verriegelte sie wieder. Wir gestikulierten verunsichert weiter rund um den Verbleib des Zeltes – Worte hätten wir wohl in keiner Sprache gefunden. Nach einigen Minuten klopfte es. Die Frau reichte den Tee, der Mann sperrte sie wieder ein.

Abends trollten wir uns an den Rand des Dorfes. Der junge Mann, der Englisch sprach und für uns übersetzt hatte, zeigte uns eine Wiese, auf der wir schlafen durften. Er brachte eine Kanne Tee und setzte sich zu uns. Er erzählte von sich, von seinem Dorf und wollte wissen, wo wir herkamen und wer wir waren. Es war ein sehr netter Abend. Kurz nachdem er gegangen war, begann es zum ersten Mal, seit wir in Pakistan waren, zu regnen. Wir hatten kein Zelt. Na ja, wir hatten immerhin die Stangen.

Zwei weitere Tage Palaver brachten nichts. Dann beschlossen wir, aufzubrechen und zurück in die Stadt zu gehen. Ohne Zelt brauchten wir an eine Tour über Gletscher und durch das Hochgebirge gar nicht denken. Das erklärten wir auch den Dorfbewohnern, die sich laut wunderten, dass wir Richtung Talausgang und nicht wie erwartet in die Berge gehen wollten. Eine Traube Menschen umringte uns, als wir das Dorf verließen. Neben den letzten Häusern legte einer der Würdenträger die Hand auf Stefans Unterarm. Wir drei sollten nur warten, denn wie es der Zufall wolle, es könnte sein, dass man das Zelt gerade nun gefunden habe. Kurz darauf übergab man uns strahlend ein Bündel Zeltplane. Wir spielten mit und strahlten ebenfalls, schüttelten den Kopf, lobten die Macht des Zufalls und fragten, welchem edlen Menschen die Belohnung von 500 Rupien zustünde. Geld wollte niemand annehmen. Das ging nicht, sei doch alles Ehrensache.

Sie hatten die zwei Wanderstöcke, dachten wir uns, änderten die Richtung und verließen das kleine Dorf doch in Richtung Berge – mit etwas weniger Ausrüstung und einer Geschichte mehr im Gepäck.

Sprachkunde

Die österreichischen Bergbauern – zumindest jene im Stubaital – nennen die Sense »Segnis«. Doch auch diese traditionelle Bezeichnung muss wohl modernen Ausdrücken weichen. So wurde an der Talstation des Elferlifts in Neustift, Stubaital, bereits ein »Speed-Mähwettbewerb« ausgerichtet. Dort schwangen Speed-Bergbauern ganz geschwind mit viel Speed die Segnis.

You can longer

Viagra hilft angeblich gegen die Höhenkrankheit. Im Jahr 2004 untersuchte der Gießener Internist Friedrich Grimminger die Auswirkungen des Potenzmittels Viagra mit seinem Wirkstoff Sildenafil auf Höhenbergsteiger. Dabei leitete ihn die Annahme, dass der Penis und die Lunge sich in einer Hinsicht ähneln: Beide enthalten viel Phosphodiesterase. Dieses Enzym zieht die Blutgefäße in der Lunge zusammen. Im Penis verringert es die Fähigkeit zur Erektion. Um zu testen, ob Viagra die Atmungsfähigkeit in großer Höhe verbessert, ließ Grimminger sieben Bergsteiger auf bis zu 5300 Metern Höhe Viagra und sieben weitere ein Placebo einnehmen. Den Probanden, die Viagra bekommen hatten, fiel das Atmen am Berg leichter.

Luft und Leben

Künstlicher Sauerstoff mag beim Höhenbergsteigen verpönt sein, doch er erhöht die Überlebenswahrscheinlichkeit dramatisch. Raymond Huey von der University of Washington und der Alpinhistoriker Xavier Eguskitza haben im renommierten Fachjournal *Journal of the American Medical Association* eine entsprechende Studie veröffentlicht. Die Wissenschaftler werteten Daten von 1173 Bergsteigern aus, die zwischen 1978 und 1999 erfolgreich den Gipfel des Mount Everest bezwungen hatten. 1077 davon verließen sich auf künstlichen Sauerstoff. 32 dieser Bergsteiger starben auf dem Abstieg. Von den 96 Bergsteigern, die ohne zusätzlichen Sauerstoff auf den Berg gestiegen waren, verunglückten acht auf dem Rückweg. Mit Sauerstoff lag die Unglücksrate bei drei Prozent, ohne Sauerstoff bei 8,3 Prozent. Noch deutlicher war der Unterschied, als sich die Wissenschaftler die Daten für den K2 ansahen, den zweithöchsten Berg der Erde. Von den 47 Bergsteigern, die in diesem Zeitraum den Gipfel mithilfe künstlichen Sauerstoffs bezwungen hatten, kamen alle mit dem Leben davon. Von den 117 Alpinisten, die ohne Flaschensauerstoff den Gipfel erreichten, starben 22 – 18,8 Prozent.

Versteckte Giganten

Der Cropp River auf der Südinsel Neuseelands ist ein Gigant. Der neun Kilometer lange Fluss, der schließlich in den Whitcombe und dann in den Hokitika River mündet, überflügelt sogar den Amazonas. Die Disziplin? Sedimenttransport. Der gigantische Amazonas schwemmt jährlich 190 Tonnen Sediment pro Quadratkilometer Wassereinzugsgebiet in den Ozean. Der Cropp River schafft in dieser Zeit aus der gleichen Fläche hingegen 32 000 Tonnen Sediment ins Meer. An den westlichen Hängen der neuseeländischen Alpen regnet extrem viel Wasser ab, das entsprechend große Mengen Sand und Geröll von den Bergen schwemmt.

Anderswo gibt es auch schöne Berge

Die höchsten Gipfel sind bezwungen, die letzten weißen Flecken auf den Landkarten getilgt? Ja, aber anderswo gibt es auch schöne Berge. Die NASA-Raumsonde *Cassini* entdeckte zum Beispiel Gebirgszüge auf Titan, dem größten Mond des Saturns. »Das ist ein enormer Gebirgszug, der mich an die Sierra Nevada im Westen der USA erinnert«, schwärmte *Cassini*-Forscher Robert Brown von der Universität von Arizona. Die Alpen des Titan erreichen eine Höhe von ungefähr 1500 Metern. Die Gebirgskette ist 150 Kilometer lang und etwa dreißig Kilometer breit. Die Gipfel sind laut den Astronomen herrlich weiß eingezuckert. Allerdings besteht dieser Schnee aus gefrorenem Methan oder anderen organischen Kohlenstoffverbindungen. Und das Schönste: Man trifft dort bestimmt niemanden.

Alpin-Vokabeln – Lektion 5: Körper und Gebrechen

Akklimatisation bezeichnet die Gewöhnung des Körpers an große Höhen. Dabei steigert sich unter anderem die Konzentration des Hämoglobins im Blut, also der sauerstofftransportierenden Proteine der roten Blutkörperchen.

Ataxie bezeichnet Störungen der Bewegungskoordination. Tritt bei akuter Bergkrankheit mit Hirnödem auf.

Dyspnoe bezeichnet akute Atemnot. Wird von den Betroffenen oft als lebensbedrohlich empfunden. Kann Symptom eines Lungenödems sein.

Hängetrauma bezeichnet einen lebensbedrohlichen Zustand, der bei längerem regungslosem Hängen in einem Gurt auftreten kann, etwa wenn ein abgestürzter Kletterer bewusstlos ist. Die erzwungene aufrechte Körperhaltung führt dazu, dass das Blut auf Dauer in den herabhängenden Körperteilen versackt und der Kreislauf schließlich zusammenbricht.

Hirnödem bezeichnet die krankhafte Schwellung des Gehirns durch Flüssigkeitseinlagerung. Kann durch extreme Höhe und geringe Sauerstoffzufuhr ausgelöst werden. Geht häufig mit Sehstörungen, Schwindel, Kopfschmerzen und Gleichgewichtsstörungen einher.

Höhenlungenödem bezeichnet die Schwellung der Lunge durch Einlagerung von Flüssigkeit aus den kapillaren Blutgefäßen ins Lungengewebe. Geht mit Husten, rasselnden Atemgeräuschen und großer Atemnot einher. Patienten ertrinken dabei auf Dauer in ihrem eigenen Blut. Die mit Blutplasma gefüllten Lungenbläschen sind nicht mehr in der Lage, Sauerstoff aufzunehmen.

Hypoxie bezeichnet einen Sauerstoffmangel im Gewebe. Diesem Zustand sind Höhenbergsteiger ausgesetzt. Mit zunehmender Höhe nimmt der Sauerstoffgehalt der Atemluft im Verhältnis zum Volumen ab. Der Körper leidet an Hypoxie.

Nifedipin bezeichnet einen Wirkstoff zur Behandlung eines Lungenödems. Der Kaliumantagonist senkt den pulmonalarteriellen Blutdruck.

Orthopnoe bezeichnet eine Atemnot im Liegen. Betroffene sind nur im Sitzen in der Lage, mühsam zu atmen. Kann Symptom eines Lungenödems sein.

Tachykardie bezeichnet einen anhaltend beschleunigten Puls. Dieses Herzrasen kann ein Symptom eines Höhenlungenödems sein.

Tachypnoe bezeichnet eine erhöhte beziehungsweise gesteigerte Atemfrequenz. Diese Schnellatmung kann ein Symptom eines Höhenlungenödems sein.

Ein Berg Katzenstreu

Die Bergkette der Black Hills liegt im Westen des US-Bundesstaats South Dakota und reicht bis ins nordöstliche Wyoming. Der Gebirgszug ist etwa 160 Kilometer lang und knapp hundert Kilometer breit. Der höchste Gipfel ist der Harney Peak (2350 Meter). Die Black Hills sind reich an Rohstoffen, hier lagern Blei, Eisen, Erdöl, Gold, Kohle, Salz und Uran. Nahe der Black Hills werden außerdem große Mengen Bentonit abgebaut. Dieses Gestein besteht aus einer Mischung von Tonmineralien, Quarz, Glimmer, Feldspat, Pyrit sowie Kalzit und entsteht durch Verwitterung vulkanischer Asche. Bentonit wird als Baustoff, für Lebensmittel und vor allem bei der Herstellung von Streu für Katzenklos verwendet.

Bizarre Unglücksfälle

Der Fitz Roy (3406 Meter) an der Grenze zwischen Chile und Argentinien ist eine der eindrucksvollsten Granitnadeln Südamerikas. Einmal wurde hier eine Gruppe Bergsteiger auf dem Gipfel von einer Schneewechte begraben, die von unten angesaust kam – die Gruppe befand sich schließlich auf dem Gipfel. Die Wechte war unterhalb der Gruppe abgerissen und in die Tiefe gestürzt. Entsprechend bestürzt waren die Bergsteiger, als die Schneemassen plötzlich von unten wieder auftauchten und die Seilschaft schließlich unter sich begrub. Ein Höhensturm, der vom Pazifik herantobte, hatte heftige Winde am Fitz Roy entfesselt, die alles von unten nach oben bliesen, was nicht fest mit dem Berg verbunden war. Die Männer erlitten einen Schock, überlebten aber zum Glück.

Luftkrieg

Auf dem Fieschergletscher im Schweizer Kanton Wallis überlässt der Mensch die Natur noch sich selbst – möchte man annehmen. Doch auch auf der zweitlängsten Eiszunge der Alpen hinterlässt der Mensch seine Spuren. Immer wieder liegen dort Patronenhülsen auf dem Eis und in den Spalten. In der Nähe liegt der Fliegerabwehr-Schießplatz Gluringen der Schweizer Streitkräfte. Im Frühjahr und im Herbst stellen die Soldaten regelmäßig Flugabwehrgeschütze auf und schießen auf Säcke, die von Flugzeugen hinter sich hergezogen werden. Bis zu tausend Schuss pro Minute fliegen kilometerweit hinein in das Gebiet, das als UNESCO-Weltnaturerbe geschützt ist. In den Hütten in der Gegend hängen Pläne aus, an welchen Tagen der Gletscher wegen der Militärübungen nicht begangen werden darf.

Ungemütlich nass

Der Wai'ale'ale ist ein 1544 Meter hoher Berg auf der Insel Kaua'i, die zu den Hawaii-Inseln gehört. Der

Gipfel des Vulkans gilt als einer der regenreichsten Orte der Erde. Manche Quellen bezeichnen den Wai'ale'ale gar als regenreichsten Ort überhaupt. Im Schnitt regnet es dort an 335 Tagen im Jahr. Seit Beginn der Messungen im Jahr 1912 fallen dort binnen zwölf Monaten 10800 Millimeter Regen je Quadratmeter. 1982 wurde das nasseste Jahr überhaupt registriert, damals erreichte die Regensäule 17300 Millimeter. Der Name des Berges spiegelt diesen ungemütlichen Umstand wider. Wai'ale'ale lässt sich mit »plätscherndes Wasser« oder »überfließendes Wasser« übersetzen.

Streit über den Höchsten

Die Dänen sind uneins, welcher der höchste Berg ihres Landes ist. Der Yding Skovhøj ist 172 Meter und 54 Zentimeter hoch. Ohne den Grabhügel aus der Bronzezeit auf seiner Kuppe misst er aber nur 170,77 Meter. So wäre der neun Zentimeter höhere Møllehøj der höchste Berg Dänemarks.

Entfernte Verwandte

Zwischen der Aleuten-Insel Adak und der tibetischen Hauptstadt Lhasa liegen etwa 7600 Kilometer Luftlinie. Doch was verbindet die Insel im US-Bundesstaat Alaska und das tibetische Hochland? Gestein, so lautet die Antwort. Der Untergrund des tibetischen Hochplateaus besteht vermutlich zu großen Teilen aus Adakit. Das Gestein mit niedrigem Magnesiumgehalt besteht aus einst aufgeschmolzener ozeanischer Kruste und ist nach der Aleuten-Insel Adak benannt.

Rekorde für die Ewigkeit

Die Westwand der 3522 Meter hohen Aiguille de Blaitière im Montblanc-Massiv gilt als besonders steinschlaggefährdet. So gelang den beiden Bergsteigern Pierre Allain und Auguste Fix am 10. September 1947 eine Erstbegehung für die Ewigkeit. Die Route, über die die zwei Männer durch die Westwand stiegen, wurde nur zwanzig Tage nach der Tour durch einen massiven Felssturz ausgelöscht. 1952 erschlossen Alpinisten eine weitere Route durch die Westwand der Aiguille de Blaitière, die nur ein Jahr später abermals durch einen Felssturz zerstört wurde. Die Spuren der beiden Ereignisse sind bis heute sichtbar. Dort, wo sich einst die Wand löste, zeigen sich hellere Spuren auf dem Fels. Die betroffenen Wandpartien sind bis heute nicht durchkletterbar. So gilt heute die sogenannte Engländerführe im VII. Schwierigkeitsgrad als bekanntester Anstieg durch die markante Westwand.

Landkarten

Eine gute Planung ist die halbe Miete für eine gelungene Bergtour. In etwa die andere ausstehende Hälfte lässt sich mit gutem Kartenmaterial begleichen. Die Trekkingtour, die ich mit Thomas und Stefan zu Beginn der Neunzigerjahre nach Pakistan unternahm, war lausig vorbereitet. Es war uns nicht gelungen, anständiges Kartenmaterial von der Gegend aufzutreiben. Wir hatten die Wahl zwischen Karten, die die US-Armee in den ausgehenden Vierzigerjahren angefertigt hatte, und Landkarten, die zwar neu waren, in denen aber lediglich Bergrücken als braune Würste eingezeichnet waren. Die US-Karten hatten viele weiße Flecken. Die Würstel-Karten waren hingegen wenigstens halbwegs aktuell, vollständig und verzeichneten neben dicken bräunlichen Linien auch noch Flüsse, Trampelpfade (gestrichelt), Gletscher und einiges andere. Auf Höhenlinien verzichtete das Werk, das aussah, als sei einem ambitionierten Schüler der Mittelstufe im Erdkundeunterricht zwischendurch mal die Wachsmalkreide durchgegangen.

Wir entschieden uns gegen die US- und für die Würstel-Karten. Es war sehr kompliziert, sich damit zurechtzufinden. Wir waren Alpenvereinskarten und markierte Wanderwege gewöhnt.

Nach einigen Tagen fragten wir die Einheimischen um Rat. Die ganze Zeit waren wir stromaufwärts auf dem linken Ufer eines schäumenden Flusses gelaufen. Auf unserer Landkarte war eine Brücke eingezeichnet, über die wir gehen wollten, um das Tal zu erreichen, ab dem wir noch wildere Berglandschaften und Einsamkeit vermuteten. Die Brücke tauchte jedoch nicht auf. Wir schoben das auf die schlechte Karte.

Eine Flussbiegung ließ uns verzweifeln: Karte und Wirklichkeit stimmten nämlich doch weitgehend überein. Wir mussten die Brücke also übersehen haben. Im nächsten Dorf trafen wir auf einen alten Mann, der eine an den Rändern gerollte Wollmütze, weite Pluderhosen, eine Weste über dem Hemd und einen sehr langen, grauen Bart im freundlichen Gesicht trug. Er entsprach dem Bild eines Dorfältesten und Würdenträgers, wie man es hat, wenn man regelmäßig das Auslandsjournal ansieht. Wir schauten sehr regelmäßig Auslandsjournal und grüßten übertrieben freundlich.

Stefan richtete das Wort an den Mann. Ich hielt die Landkarte als unterstützendes Anschauungsmaterial gut sichtbar zwischen die beiden. Wir fragten, ob die Brücke in der Richtung liege, aus der wir kamen, oder sich noch weiter flussaufwärts befände.

Der Mann reagierte nicht. Er blickte uns nur neugierig an. Neben uns feixten zwei Kinder. Ich deutete auf die Karte und die Stelle, an der die Brücke eingezeichnet war. Dann führte ich Gesten der Ratlosigkeit auf. Mittlerweile waren weitere Kinder hinzugekommen, die sich über unser seltsames Verhalten amüsierten. Der alte Mann mit Bart verzog keine Miene.

Stefan und ich steigerten unsere Bemühungen. Wir deuteten auf den Fluss, dessen Ufer nur zwanzig Meter entfernt war. Wir deuteten auf uns, dann auf die andere Seite. Wir nickten heftig, während unsere Finger auf unserer Brust saßen, wir rissen ermunternd die Augen auf, deuteten auf den Fluss und stellten mit einer flachen Hand in einer fließenden Bewegung eine Brücke dar.

Der Mann schien unsere nordpakistanische Scharade nun verstanden zu haben. Als wir mit dem Zeigefinger flussaufwärts deuteten und eine übertrieben fragende Miene aufsetzten, nickte der Mann. Seine Bewegung geriet zwar zögerlich, doch nachdem wir abermals die Brücken-Pantomime aufgeführt hatten und wieder flussaufwärts zeigten, wippte sein Bart in deutlicher Zustimmung. Die Brücke musste weiter flussaufwärts sein.

„Also weiter", seufzten wir.

„Schmarrn", sagte Thomas, der unser Theater die ganze Zeit unbeteiligt beobachtet hatte. „Frag ihn, ob die Brücke flussabwärts liegt."

Stefan und ich wiederholten den Zirkus. Nur deuteten wir diesmal in die entgegengesetzte Richtung. Der Mann nickte und grinste.

„Wie jetzt?!", spuckte Stefan hervor. Er zeigte flussaufwärts. Der Mann nickte. Stefan zeigte flussabwärts. Der Mann nickte.

Unsere wütende Enttäuschung hatte nichts mit der Bewunderung fremder Kulturen und ursprünglicher Sitten zu tun, wie wir sie in Fernsehreportagen im Auslandsjournal gelernt hatten. Stefan stieß unflätige Beschimpfungen hervor. Die Kinder lachten, ich schämte mich. Thomas und der alte Mann verzogen keine Miene.

Wir gingen flussaufwärts weiter und fanden keine Brücke. Wir verloren zwei Tage, als wir den Fluss ganz bis zum Ende liefen. Dort schoss das Wasser aus einem großen Eisbogen unter einer Gletscherzunge hervor, auf die wir liefen. Auf der anderen Seite des Flusses zerkratzten uns dornige Büsche einen halben Tag lang die Beine, bevor wir wieder auf einen guten Pfad stießen. Mit anständigen Karten wäre das alles nie passiert.

Meine Berge

Der britische Geograf James Rennell (1742–1830) wollte Anerkennung für seine Version des Laufs des Nigers in Westafrika. Deshalb verfälschte er Daten des Entdeckers Mungo Park und trug auf Karten die Kongberge ein. Bis ins 20. Jahrhundert verzeichneten fast alle Karten das fiktive Gebirge.

Flaschen auf dem Gipfel

Im 19. Jahrhundert dienten Weinflaschen, die mit beschriebenen Zetteln darin auf dem Gipfel deponiert wurden, als Vorläufer der heutigen Gipfelbücher.

Der alte Washington

George Washington regierte von 1789 bis 1797 als erster Präsident der Vereinigten Staaten von Amerika. Nach ihm sind in den USA unzählige Orte, Bauwerke, die US-Hauptstadt, ein US-Bundesstaat und eben auch Berge benannt. So tragen (mindestens) die folgenden Gipfel seinen Namen:

- Mount Washington, Arizona, County Santa Cruz
- Mount Washington, Kalifornien, County Plumas

- Mount Washington, Massachusetts, County Berkshire
- Mount Washington, Massachusetts, County Middlesex
- Mount Washington, New Hampshire, County Coos
- Mount Washington, New Mexico, County Bernalillo
- Mount Washington, Nevada, County White Pine
- Mount Washington, New York, County Steuben
- Mount Washington, Oregon, County Linn
- Mount Washington, Virgin Islands, County St. Croix
- Mount Washington, Washington, County Ferry
- Mount Washington, Washington, County King
- Mount Washington, Washington, County Mason
- Mount Washington, Washington, County Skagit
- Mount Washington, Wisconsin, County Eau Claire
- Mount Washington, Kanada, British Columbia

Über sieben Gipfel musst du gehen

Die Seven Summits zu besteigen gehört zum Pflichtprogramm vieler ehrgeiziger Bergsteiger. Ziel ist es, den jeweils höchsten Gipfel aller sieben Kontinente zu bezwingen. Aber da Alpinisten neben dem Bergsteigen vor allem den Streit mit anderen Alpinisten schätzen, herrscht Uneinigkeit darüber, welche Gipfel zu den Seven Summits zu zählen sind.

Über fünf Berge ist man sich einig: In Afrika wird der Kibo (5895 Meter) im Kilimandscharo-Massiv erklommen, in der Antarktis gilt es, den Mount Vinson (4892 Meter) in der Sentinel Range zu besteigen. In Asien ist der höchste Gipfel natürlich der Mount Everest (8850 Meter) im Himalaja. In Nordamerika wartet der Mount McKinley (6194 Meter) in der Alaskakette, in Südamerika ist es der höchste Berg der Anden, der Aconcagua (6962). Dann aber geht das Gezeter los.

In Europa haben Bergsteiger die Wahl zwischen dem Montblanc (4810 Meter) in den Alpen oder dem Elbrus (5642 Meter) im Kaukasus. Welcher der beiden Berge als höchster Gipfel Europas anzusehen ist, steht und fällt mit der geografischen Definition des Kontinents. Im Osten Europas ist die Grenzziehung sehr ungenau, besonders in der Region zwischen dem Schwarzen und dem Kaspischen Meer. Den meisten gilt die Manytschniederung als Trennlinie zwischen Asien und Europa. Wer dieser Interpretation folgt, für den ist der Montblanc der höchste Berg Europas, denn die Manytschniederung liegt etwa 300 Kilometer nördlich des Kaukasusgebirges. Im englisch- und französischsprachigen Raum gilt jedoch meist die Wasserscheide im Kaukasusgebirge als Grenze zwischen Europa und Asien. In diesem Fall steht der Elbrus in Europa und muss nach dieser Interpretation zu den Seven Summits gehören.

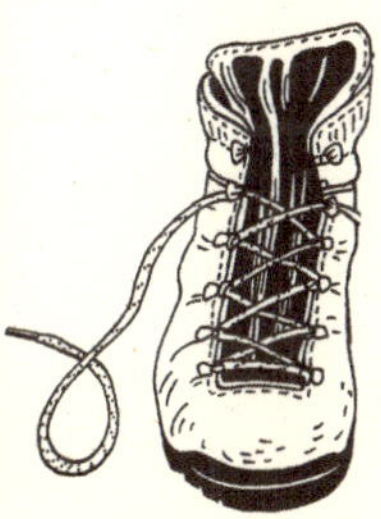

Noch komplizierter wird es in Ozeanien. Hier streiten sich ehrgeizige Alpinisten darüber, wie sich Ozeanien definiert oder ob ausschließlich der höchste Gipfel Australiens zählt. Ein Kandidat für die Seven Summits ist die Carstenszpyramide (4884 Meter) in der Sudirman Range. Der Berg befindet sich im indonesischen Teil Neuguineas. Politisch zählt diese Insel zwar zu Asien, doch befindet sie sich auf der australischen Erdplatte. Die Gegenfraktion argumentiert, dass zu den Seven Summits nur ein Gipfel zählen könne, der auch politisch zu Ozeanien gehört. Für sie zählt demnach der Mount Kosciuszko (2228 Meter) in den Snowy Mountains Australiens zu den Sieben Gipfeln. Da der höchste Berg des australischen Festlands aber ein besserer Wandergipfel ist und die Carstenszpyramide anspruchsvolle Kletterei erfordert, rümpft die Gegenseite nur die Nase. Wieder andere argumentieren, man solle den höchsten Gipfel Neuseelands, den Mount Cook (3754 Meter), zu den Seven Summits zählen. Neuseeland habe schließlich eine große kulturelle und politische Nähe zu Australien und liege immerhin zu zwei Dritteln auf der Australischen Platte.

Für wirklich besserwisserische Alpinisten existiert eine vierte Möglichkeit: Der höchste Gipfel auf australischem Hoheitsgebiet ist gar nicht der Mount Kosciuszko, sondern der Mawson Peak (2745 Meter). Dieser ist der höchste Punkt des Vulkans Big Ben, der auf der Insel Heard regelmäßig ausbricht. Die Insel befindet sich im südlichen Indischen Ozean etwa 1500 Kilometer nörd-

lich der Ostantarktis und gut 4000 Kilometer vom australischen Festland entfernt.
Und was macht der echte Gipfelsammler jetzt? Er murrt nicht und besteigt einfach alle Gipfel.

Abstieg

Nahe des Piz Lunghin (2780 Meter) im Schweizer Kanton Graubünden liegt die wichtigste Wasserscheide West- und Mitteleuropas. Vom Pass Lunghin (2645 Meter) aus fließt das Wasser zu drei verschiedenen Meeren ab, die Europa umgeben. Nach Norden entwässert der Berg über die Flüsse Gelgia/Julia, Albula, Hinterrhein, Rhein in die Nordsee beziehungsweise den Atlantik. Nach Süden fließt das Wasser vom Pass Lunghin über die Maira/Mera, den Comer See, die Adda und den Po in die Adria im Mittelmeer. Nach Osten nimmt das Wasser den Weg über den Inn in die Donau und weiter ins Schwarze Meer.

Berg-Käse

Sérac ist der Name eines Molkenkäses aus den französischen Alpen. Für die Zubereitung dieses Käses mit sehr heller und weicher Masse wird die Molke roher Kuh- und Ziegenmilch verwendet. Der Schweizer Naturforscher und Montblanc-Besteiger Horace-Bénédict de Saussure (1740 – 1799) übertrug den Namen des Käses angeblich auf ein alpines Naturphänomen: Türme aus Gletschereis werden seit Ende des 18. Jahrhunderts laut dieser Geschichte dank Saussure ebenfalls als Séracs bezeichnet.

Ausgezeichnet

Die Sowjetunion vergab einst den Schneeleoparden-Orden für herausragende Bergsteiger. Um das Abzeichen zu erlangen, mussten alle fünf Siebentausender auf dem Staatsgebiet der UdSSR bestiegen werden:

- Pik Ismoil Somoni (früher Pik Stalin und Pik Kommunismus), 7495 Meter, Pamir
- Dschengisch Tschokusu (früher Pik Pobedy), 7439 Meter, Tienschan
- Pik Lenin, 7134 Meter, Pamir
- Pik Korschenewskaja, 7105 Meter, Pamir
- Khan Tengri, 7010 Meter, Tienschan.

Der Khan Tengri ist eigentlich kein waschechter Siebentausender. Sein Felsstock erhebt sich nur bis auf 6995 Meter. Nur durch die Kappe aus Eis auf seiner Spitze knackt er die 7000-Meter-Grenze. Dennoch zählt er zu den Schneeleoparden-Gipfeln. Der Orden wird seit dem Untergang der UdSSR weiterhin von der GUS-Staatengemeinschaft verliehen.

Im Namen der Partei

Zu Zeiten der Sowjetunion eroberte der Kommunismus auch die Landkarten. Zahlreiche Berge wurden damals im Zeichen von Hammer und Sichel von den Funktionären der Partei umbenannt.

Der Pik Ismoil Somoni (7495 Meter), heute der höchste Berg Tadschikistans, trug von 1932 bis 1962 den Namen Pik Stalin, zu Ehren des Diktators Josef Stalin. Von 1962 bis 1998 hieß der Berg dann Pik Kommunismus. Dann benannte man den Berg nach dem Samanidenherrscher Ismail I., der in Tadschikistan als »Vater der Nation« gilt.

Der russische Revolutionsführer Wladimir Iljitsch Lenin erhielt 1928 seinen Berg, als der damalige Pik Kaufmann (7134 Meter) ihm zu Ehren umgetauft wurde. Aus dem Pik Lenin wurde im Jahr 2006 laut der Website des tadschikischen Präsidenten der Pik Abuali ibni Sino. Auch der Name des einstigen Pik Revolution in Tadschikistan wurde gestürzt, der Berg nennt sich nun Pik Unabhängigkeit.

Der deutsche Philosoph und Nationalökonom Karl Marx stand zu Zeiten der UdSSR ebenfalls Pate für einen Gipfel. Der Pik Karl Marx (6726 Meter) trägt noch heute diesen Namen und befindet sich ebenfalls in Tadschikistan. Friedrich Engels, der gemeinsam mit Karl Marx das Kommunistische Manifest verfasste, steht auch als Berg seinem Partner nahe: Der Pik Engels in Tadschikistan erreicht eine Höhe von 6510 Metern.

Olympia

In der Zwischenkriegszeit waren die Olympischen Spiele noch nicht ausschließlich auf sportliche Wettkämpfe konzentriert, wie dies nach dem Zweiten Weltkrieg der Fall war. Während der Spiele wurden auch Auszeichnungen für Kunst, Musik, Literatur vergeben. Der Bergsport verortete sich lange Zeit in einer Region zwischen Sport und Kunst. Ausdruck dieses Selbstbildes waren diverse Auszeichnungen, die Bergsteiger bei Olympischen Spielen bekamen. So erhielt der Leiter der ersten britischen Everest-Expedition, General Bruce, 1924 bei den Winterspielen in Chamonix eine Medaille. 1932 wurden in Los Angeles die deutschen Brüder Toni und Franz Schmid für die Besteigung der Matterhorn-Nordwand ausgezeichnet. Paul Bauer bekam für seine literarische Aufarbeitung der Kangchendzönga-Expedition von 1929 eine Medaille. In Berlin 1936 erhielt schließlich das Ehepaar Dyhrenfurth Medaillen für ihre Himalaja-Expeditionen.

Gesetz der Berge

1882 ließ die britische Königin Victoria prüfen, ob ihren Untertanen das Bergsteigen nicht verboten werden sollte. Der Anlass waren mehrere Unglücksfälle in den Alpen, bei denen drei britische Bergsteiger und ihre Bergführer ums Leben gekommen waren. Ihrem Premierminister William Edward Gladstone gelang es, der Monarchin die Idee auszureden.

Der geschundene Berg

Wenn der Gotthard-Basistunnel voraussichtlich 2017 fertig ist, dann haben die gigantischen Bohrmaschinen 10,5 Millionen Kubikmeter Gneis, Granit und anderes Gestein aus dem Leib des Berges geschnitten. Das Material, das für den längsten Tunnel der Welt bewegt wird, entspricht ungefähr dem Volumen von vier Cheopspyramiden. Insgesamt werden für den Bau des 57 Kilometer langen Gotthard-Basistunnels 153 Kilometer Tunnel, Stollen und Schächte in den Berg getrieben.

Seid ihr groß geworden

Die Zentralalpen heben sich jährlich um etwa 1,3 Millimeter in die Höhe. Der Referenzpunkt für diese Angabe befindet sich nahe Aarburg in der Schweiz. Dass die

Alpen sich noch auffalten, scheint zunächst seltsam zu sein. Vor etwa fünfzig Millionen Jahren kollidierten die Afrikanische und die Europäische Platte – in der Knautschzone dieses Crashs hoben sich die Alpen empor. Doch heute ist die Verschiebung der Platten in den Zentralalpen zum Stillstand gekommen. Stattdessen drückt der Auftrieb die Alpen in die Höhe – weil die Berge durch Erosion ständig an Masse verlieren. Das Ganze kann man sich vorstellen wie einen Eisberg im Meer. Die Kontinentalplatten haben eine geringere Dichte als der darunterliegende Erdmantel, sie schwimmen also gleichsam auf dem darunterliegenden verformbaren Material wie ein Eisberg im Wasser. Die Alpen stellen wie andere Gebirge eine Verdickung der Erdkruste dar und sinken daher tiefer in den Erdmantel ein als etwa Tiefebenen oder Mittelgebirge. Da die Alpen durch Erosion an der Oberfläche Material verlieren, wird die leicht verringerte Masse der Berge durch den Auftrieb in die Höhe geschoben. Ähnlich ist es bei Eisbergen: Schmilzt über der Wasserfläche Eis ab, steigt das gesamte Gebilde ein Stückchen aus dem Meerwasser und stellt so wieder ein sogenanntes isostatisches Gleichgewicht her.

Die Vergletscherung der Alpen in den Eiszeiten der vergangenen zwei Millionen Jahre hat das Gebirge durch das zusätzliche Gewicht tiefer in den zähen Erdmantel gedrückt. Der Eispanzer über den Alpen hatte in manchen Epochen stellenweise eine Dicke von einem Kilometer. Als sich das Eis zurückzog, verloren die Alpen an Gewicht, der Druck auf den darunterliegenden Erdmantel ließ nach, und das Gebirge wurde über Hunderttausende von Jahren in die Höhe geschoben. Dass die Alpengletscher sich seit etwa 1850 zurückziehen, könnte diesen Prozess mit beschleunigen. Die Hebung der Alpen durch Auftrieb könnte durch das ziemlich rasche Abschmelzen der Gletscher mit angetrieben werden.

Heikle Mission

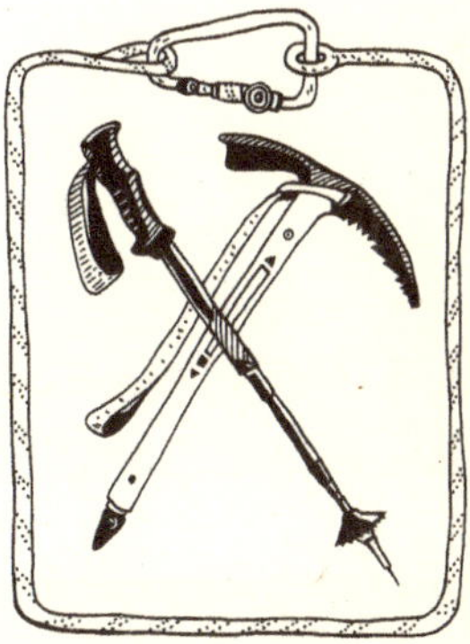

John Grunsfeld ist in größere Höhen vorgedrungen als jeder Bergsteiger. Als NASA-Astronaut verbrachte er 58 Tage im All, davon 58 Stunden und 39 Minuten im Außeneinsatz als Weltraumspaziergänger. Die härteste Mission seines Lebens erlebte der Amerikaner jedoch nicht weit oben im Orbit über der Erde, sondern bei einer Expedition auf den höchsten Berg Nordamerikas, den 6194 Meter hohen Mount McKinley in Alaska. Grunsfeld stieg im Auftrag der NASA die Flanken des Berges empor. Ziel der Expedition im Jahr 2000 war es, eine Thermopille zu testen, die aus dem Körperinneren Daten über dessen physische Verfassung sendet, der sie geschluckt hatte. Die NASA wählte den Mount McKinley als Testort, weil dort extreme Bedingungen herrschen. Schnelle Wetterstürze machen den Berg so gefährlich.

Auf dem Gipfel fällt das Thermometer mitunter auf Temperaturen von minus sechzig Grad Celsius.
Grunsfeld schluckte die Pille, in deren silikonummantelten Inneren eine Neun-Volt-Batterie sowie ein Quarzsensor steckte, und machte sich mit seinem Team auf den Weg. Der Wind blies mit Geschwindigkeiten von bis zu hundert Stundenkilometern, die Temperatur sank auf etwa minus vierzig Grad Celsius. Die Daten aus dem Körper des Bergsteiger-Astronauten wurden zu einem Receiver übertragen. Und je höher Grunsfeld stieg, desto beunruhigender wurden die Messergebnisse. Seine Körpertemperatur schwankte heftig: zwischen 39 Grad während des Kletterns und nur 35 Grad während der Pausen. Als dann seine Körpertemperatur plötzlich endgültig unter die Grenze zur Unterkühlung rutschte und schlagartig auf 32 Grad absackte, reagierte das Team, das die Messergebnisse überwachte, geschockt. Doch der plötzliche Temperaturabfall entpuppte sich als Messfehler, Grunsfeld hatte kurz zuvor eiskaltes Gletscherwasser getrunken.
Dafür sandte der Körper des Astronauten beunruhigende Signale aus – Grunsfeld plagten heftige Kopfschmerzen. Rasselnder Husten wies auf ein drohendes Höhenlungenödem hin. 600 Meter unter dem Gipfel musste das Team abbrechen und umkehren. Grunsfeld empfand dies als schlimme Niederlage. Nach einer weiteren Mission im Weltall kehrte er im Frühjahr 2004 zurück an den Mount McKinley und stieg bis auf den Gipfel – ohne Hightech-Pille.

Im Herzen des Monsters

Im Krater des Mount St. Helens trotzt seit 1982 ein Gletscher den Ausbrüchen des Vulkans. Selbst in einer Phase erhöhter Aktivität, die im Juli 2008 endete, verlor der sogenannte Crater Glacier zum Erstaunen der Wissenschaftler im zuständigen Vulkanobservatorium in Vancouver, Kanada, kaum an Eismasse. Der Mount St. Helens ist einer der aktivsten Vulkane im Kaskadengebirge im Nordwesten der USA. Sein Ausbruch im Mai 1980 war eine der gewaltigsten Eruptionen seit Menschengedenken. Vor der Explosion erreichte der Berg eine Höhe von 2950 Metern, heute misst er 2549 Meter. Der Ausbruch hinterließ einen hufeisenförmigen Krater, aus dessen Schlot in der Mitte des Kessels sich bis 1986 ein Strom zäher Lava ergoss und eine etwa 400 Meter hohe Kuppe aufschüttete – einen sogenannten Lavadom. Trotzdem waren Teile des großen Kraters bereits 1982 so weit heruntergekühlt, dass sich darin Schnee sammelte, der auch im Sommer nicht schmolz. Ende der Neunzigerjahre beobachteten Wissenschaftler, dass das Eis zu kriechen begonnen hatte – und damit zum Gletscher geworden war. Heute erreicht das Eis eine Fließgeschwindigkeit von einem Meter pro Tag – damit ist der jüngste Gletscher der USA zugleich der schnellste. Mitte des Jahres 2004 erreichte der Gletscher eine Ausdehnung von knapp einem Quadratkilometer und eine Dicke von etwa 150 Metern. Später teilte ein Ausbruch das Eis in zwei Zungen und drückte es an die Kraterränder. Glaziologen verblüfft der Crater Glacier. Er liegt auf nur 1900 Metern Höhe, direkt an der Schneegrenze des Kaskadengebirges. Dort dürfte – zumal in Zeiten des Klimawandels – eigentlich kein Gletscher entstehen. Schon gar nicht direkt am Krater eines aktiven Vulkans. Doch der Schatten der rund 500 Meter hohen Kraterwand spendet offenbar ausreichend Kühlung.

Der Vulkan schnarcht

Der 1281 Meter hohe Vesuv beherrscht das Panorama über dem Golf von Neapel. Der Feuerberg ist der einzige aktive Vulkan auf dem europäischen Festland und gilt als einer der gefährlichsten Feuerberge der Welt. Wenn der Vesuv ausbricht, kommt es dabei meist zu einer sogenannten plinianischen Eruption. Dabei werden in heftigen Explosionen binnen kürzester Zeit gigantische Mengen vulkanischen Materials ausgestoßen. Den letzten Ausbruch erlebten die Anwohner des Vesuvs im Kriegsjahr 1944. Seitdem ruht der Berg. Doch auch im Schlummer gibt der Vesuv Lebenszeichen von sich: Tag für Tag entweichen aus dem Vulkan 300 Tonnen des Klimagases Kohlendioxid.

Profit in den Bergen

Als im Juli 2006 Hunderttausende Kubikmeter Gestein vom Eiger abbrachen, wurden die bedrohlichen Bergstürze zum Touristenspektakel. Die Bergbahnen Grindelwald kreierten rasch ein sogenanntes »Bergsturzticket«. Für zwanzig Franken gab es die Bergfahrt und zusätzlich ein »Bergsturzwasser« in der von den Steinlawinen bedrohten Bäregghütte. Der Wirt begrüßte das ganze Spektakel trotzdem, schließlich bescherte es ihm sehr viel mehr Gäste als üblich. Im Sommer 2006 gingen Felsmassen vom Eiger ab, die ein größeres Volumen hatten als das Empire State Building in New York. Über dem Ort Grindelwald hing nach diesen Ereignissen oft stunden-, fast tagelang eine dichte Staubwolke.

Begriffe

Unter manchen Bedingungen sublimiert Eis auf Gletschern. Auf dem Kilimandscharo, dem höchsten Berg Afrikas, haben Glaziologen dieses Phänomen zum Beispiel beobachtet. Das Eis verdunstet dann direkt, ohne dass das Wasser dazwischen in einen flüssigen Zustand übergeht.

Höchste Berge

Das Kilimandscharo-Massiv lag in der deutsch besetzten Kolonie Deutsch-Ostafrika. Der Erstbesteiger des höchsten Berges Afrikas, Hans Meyer, taufte den Gipfel 1889 auf den Namen Kaiser-Wilhelm-Spitze. Ihm galt der Berg als höchster »Punkt afrikanischer und deutscher Erde«.

Eine Skala der Gefahren

Der Mensch sucht Gefahren, und er beziffert sie gerne. Kletterer bemessen nach mehreren Systemen, wie schwer eine Route zu ersteigen ist, und streiten sich über den Schwierigkeitsgrad vieler Schlüsselstellen. Geologen geben hingegen die Stärke eines Erdbebens auf der Richter-Skala an – die selbstverständlich nach oben offen ist. Und auch Wissenschaftler, die sich mit Feuerbergen beschäftigen, haben eine eigene Skala ersonnen: Vulkanologen beziffern die Gefährlichkeit eines Vulkanausbruchs auf dem Vulkanexplosivitätsindex, der auf Englisch mit VEI abgekürzt wird (Volcanic Explositivity Index). Eingeführt wurde der VEI von den US-amerikanischen Geologen Chris Newhall und Steve Self im Jahr 1982.

Der VEI reicht von null bis acht – ist aber nach oben offen. Es handelt sich um eine logarithmische Skala, jede Stufe bedeutet also eine Verzehnfachung gegenüber der vorherigen Stufe. Die relevanten Messgrößen, nach denen ein Vulkanausbruch kategorisiert wird, sind unter anderem die Menge des ausgestoßenen vulkanischen Materials und die Höhe der Rauchsäule. Die Stufe eins bezeichnet ein harmloses vulkanisches Ereignis, mit der Stufe acht wird hingegen ein Ausbruch beschrieben, der globale Auswirkungen hat. Für den Katastrophen-Freak üben lediglich Ausbrüche mit einem VEI-Wert von vier und mehr Faszination aus. Einige historische Beispiele:

VEI 8: Taupo, Neuseeland, Nordinsel, vor etwa 25 000 Jahren * Toba, Indonesien, Sumatra, vor etwa 74 000 Jahren * Yellowstone, USA, zwei Ausbrüche der Stärke acht, die jedoch beide mehr als 100 000 Jahre zurückliegen

VEI 7: Kurilenseevulkan, Russland, Kamtschatka, um 5700 vor Christus * Mount Mazama, USA, Oregon, um 4895 vor Christus * Kikai, Japan, Kyushu, um 4350 vor Christus * Taupo, Neuseeland, Nordinsel, um 180 nach Christus * Tambora, Indonesien, Sumbawa, 1815

VEI 7 – 6: Santorin, Griechenland, 1627 oder 1520 vor Christus * Ambrym, Vanautu, um 50 nach Christus * Baitoushan oder Paektusan, Grenzgebiet von China und Nordkorea, um 1050

VEI 6: Pinatubo, Philippinen, 1991 * Novarupta, USA, Alaska, 1912 * Santa Maria, Guatemala, 1902 * Krakatau, Indonesien, 1883 * Laki-Krater, Island, 1783 * Huaynaputina, Peru, 1600 * Kuwae, Vanuatu, 1453 * Laacher Vulkan, Deutschland, Eifel, um 11 000 vor Christus

VEI 5: Cerro Hudson, Chile, 1991 * Mount St. Helens, USA, Washington, 1980 * Vesuv, Italien, 79 nach Christus

VEI 4: Mont Pelé, Martinique, 1902 * Eldgjá, Island, 934

Schiffbruch am Gipfel

Eine Felsformation nahe des Ararat-Gipfels ist für manche fundamentalistischen Christen von besonderer Bedeutung. Die Gläubigen legen den Inhalt der Bibel wörtlich aus. Sie glauben auch daran, dass Noah tatsächlich einst die Tiere der Welt paarweise auf seine Arche lud und so der großen Sintflut trotzte. Als das Wasser wieder zurückging, strandete die Arche laut biblischem Bericht am Ararat. Eine Felsformation, die sich etwa 2,2 Kilometer westlich des 5137 Meter hohen Gipfels befindet, betrachten manche Gläubige als Beweis für die biblische Geschichte. Die Struktur aus Stein sei nichts anderes als die versteinerte Arche Noah, sagen zum Beispiel die Amerikaner Porcher Taylor und Daniel McGivern. Geologen sind sich hingegen sicher, dass es sich bei der sogenannten Ararat-Anomalie um eine auf natürlichem Wege entstandene Felsformation handelt, die – mit etwas Phantasie – an die Form eines Bootes erinnert.

Berge und ihre Namen 3: Menschliches

- Achseljoch, Lechtaler Alpen, Österreich, 2020 Meter
- Böse Tritt, Kanton Bern, Schweiz, 3224 Meter
- Dickkopf, Chiemgauer Alpen, Deutschland, 1204 Meter
- Dungberg, Rhön, Deutschland, 773 Meter
- Faulhorn, Kanton Bern, Schweiz, 2681 Meter
- Fusshörner, Wallis, Schweiz, 3494 Meter
- Glatzenstein, Fränkische Alp, Deutschland, 572 Meter
- Großer Daumen, Allgäuer Alpen, Deutschland, 2280 Meter
- Hinteres Ohreneck, Schladminger Tauern, Österreich, 2290 Meter
- Hochgscheid, Südschwarzwald, Deutschland, 1207 Meter
- Kackenkopf, Allgäuer Alpen, Deutschland, 1560 Meter
- Kotalmjoch, Brandenberger Alpen, Österreich, 2122 Meter
- Kotzen, Vorkarwendel, Deutschland, 1771 Meter
- Kratzer, Allgäuer Alpen, Deutschland, 2428 Meter
- Lauskopf, Ammergauer Alpen, Deutschland, 1363 Meter
- Le Pissoir, Wallis, Schweiz, 3308 Meter
- Lachkogel, Schladminger Tauern, Österreich, 2270 Meter

- Moderspitze, Schladminger Tauern, Österreich, 2292 Meter
- Nase, Wallis, Schweiz, 2501 Meter
- Scheißtalkopf, Lechtaler Alpen, Österreich, 2506 Meter
- Tattermann, Wölzer Tauern, Österreich, 2047 Meter
- Unnütz, Brandenberger Alpen, Österreich, 2078 Meter
- Voldöppberg, Brandenberger Alpen, Österreich, 1509 Meter
- Zahn, Ammergauer Alpen, Österreich, 2110 Meter

Sehr hoch und sehr heiß

Starke wechselhafte Windstöße, die über Gebirge fegen, sorgen für ein bizarres Phänomen am äußeren Rand der Erdatmosphäre. Die beiden amerikanischen Geoforscher Richard Walterscheid und Michael Hickey haben in einer Modellrechnung gezeigt, dass diese Windstöße hochfrequente Schallwellen erzeugen, die ihrerseits für seltsame Temperaturanstiege in der Atmosphäre sorgen. In einer Höhe von 200 bis 300 Kilometern könnten demnach extrem kurz und lokal begrenzt durch diesen Effekt Temperaturen von tausend Grad Celsius herrschen. Über den Anden in Südamerika haben Wissenschaftler immer wieder beobachtet, wie sich die Atmosphäre in großer Höhe kurzfristig plötzlich erhitzt. Über manchen Berggipfeln war es in großer Höhe um bis zu hundert Grad Celsius wärmer als in der Umgebung. Hickey und Walterscheid glauben, dass hochfrequenter Schall durch starke Winde für diese Phänomene verantwortlich sein könnte. In gebirgigen Gegenden reiche dafür womöglich eine Windgeschwindigkeit von zehn Metern pro Sekunde aus, schrieben die Forscher 2005 im Fachblatt *Journal of Geophysical Research – Space Physics*.

Everest-Rekorde

Im Jahr 2003 stellte die Sherpa Ming Kipa den Rekord für den bisher jüngsten Menschen auf, der den Mount Everest bezwungen hat. Das Mädchen war fünfzehn Jahre und neun Monate alt, als sie auf dem Gipfel des höchsten Berges der Welt stand. Sie übertraf damit den Rekord des Sherpas Temba Chiri, der 2001 als Sechzehnjähriger den Mount Everest bestiegen hatte. Im Frühjahr 2010 kündigte der Amerikaner Jordan Romero an, auf den Everest zu steigen, um fortan als jüngster Bezwinger des Gipfels zu gelten. Der Junge war dreizehn Jahre alt, als er am 22. Mai 2010 als jüngster Bergsteiger auf dem Gipfel des Everest stand.

Gipfelbier

Archäologen des Field Museum in Chicago haben auf dem Cerro Baúl im Süden Perus eine alte Großbrauerei entdeckt. Auf dem Gipfel des Berges in etwa 2400 Metern Höhe ließen sich Mitglieder der gesellschaftlichen Elite des Wari-Reiches ihr Prä-Inka-Urtyp brauen. Die Epoche der Wari dauerte etwa von 600 bis 1000 nach Christus, und wie später die Inka hatten die Angehörigen dieser Kultur ebenfalls eine Vorliebe für Bier. Ungewöhnlich erscheint die Lage der Brauerei, denn das Brauwasser musste einen langen, steilen Bergpfad hinaufgeschleppt werden. Ihr Gipfelbier mussten sich also schon die Wari mühsam verdienen.

Langsame Mühlen

Regen oder Schnee, der auf Berggipfel gefallen ist, beeinflusst mitunter noch fünfzig Jahre danach den Pegel von Flüssen. Diesen Zusammenhang haben Hydrologen in den Los Pinos Mountains in New Mexico beobachtet. Im Jahr 2004 berichteten Wissenschaftler, dass sich im Grundwasserspiegel und dem Pegel des nahen Rio Grande Nachwehen der siebenjährigen Dürre in den Fünfzigerjahren zeigten. In den Jahrzehnten, die seitdem vergangen waren, hatte das Regenwasser einen quälend langsamen Weg durch die Berge genommen.

Der gequälte Mond

Der Jupitermond Io ist der Himmelskörper unseres Sonnensystems, der die höchste geologische Aktivität zeigt. Die Größe von Io entspricht in etwa der des Mondes der Erde. Die gigantische Schwerkraft des Jupiters, der alleine etwa 2,5-mal so viel Masse besitzt wie alle anderen Planeten des Sonnensystems zusammen, knetet den Mond Io kräftig durch. Durch die extremen Gezeitenkräfte brodelt ein im Sonnensystem unvergleichbar heftiger Vulkanismus auf Io. Auch einige Berge sind auf der sonst ziemlich ebenen Oberfläche des Trabanten entstanden. Die größten dieser Gipfel erreichen eine Höhe von 16 500 Metern. Doch auf Io leben selbst die Berge für den Augenblick – so sehr knetet Jupiter seinen Begleiter durch.

Die Kraft der Natur

Am 22. Mai 1960 erschütterte ein heftiges Beben Chile. Das Epizentrum lag nahe der Stadt Valdivia im Süden des Landes. Die Erschütterung erreichte eine Magnitude von 9,5 – es war das bis heute stärkste jemals gemessene Erdbeben. Die Kraft der Natur verformte Landschaften. Die Andengipfel in Chile machten einen regelrechten Satz in die Höhe. Erdrutsche zerfurchten ganze Gegenden. Die Landverschiebungen erzeugen einen neuen See in den chilenischen Anden. Wie in einer geologischen Kettenreaktion brachen in den

Stunden nach dem Beben reihenweise Vulkane aus. Die Küste nördlich der Stadt Lebu hob sich auf einen Schlag um 1,8 Meter, während sie sich südlich bis zur Insel Chiloé um 1,5 Meter absenkte. An manchen Stellen sackte das Land um bis zu vier Meter ab. Die Insel Guafo im Pazifik schoss hingegen um drei Meter aus dem Meer. Chile verlor Zehntausende Hektar Land, sämtliche Seekarten waren wertlos geworden, und die Anden waren einmal kräftig durchgeschüttelt worden.

Alles das Gleiche

Der Klimawandel wird nicht nur dazu führen, dass die meisten Alpengletscher in den kommenden Jahrzehnten verschwinden. Er wird auch dafür sorgen, dass es auf den Bergen überall weitgehend gleich aussieht. Vor allem die Vegetation wird sich homogenisieren, insbesondere die botanischen Sonderlinge werden verschwinden. Für Pflanzen, die sich an die unwirtlichen Habitate in Höhen von mehr als 3000 Metern angepasst haben, wird es künftig ungemütlich. Aus tieferen Regionen rücken zwar zahlreiche Arten nach – aber die kennt der botanisch interessierte Wanderer bereits aus den meisten Ecken der Alpen.

Toter Trend

Der Amerikaner Dan Osman machte sich in der Kletterszene unsterblich, als er 1997 bei einem »Speed Free Solo« eine 122 Meter hohe, beinahe senkrechte Wand in 4:25 Minuten bezwang. Der Extremsportler pflegte eine weitere gefährliche Leidenschaft, die ihn gepackt hatte, als er bei Kletterversuchen auf Geschwindigkeit tief ins Seil gefallen war: Er sprang mutwillig von Felsen in sein Kletterseil. Diese Stürze versetzten Osman in einen besonderen Rausch. Am 23. November 1998 starb der bis dahin unsterbliche Star der Extremkletterer, als er im Yosemite-Park einen neuen Rekord aufstellen wollte, indem er aus 335 Metern Höhe vom Leaning Tower sprang. Offenbar versetzten die einbrechende Dämmerung und die Angst, er müsse seinen Rekordversuch abbrechen, Osman in Hektik. Der 35-Jährige wechselte kurz vor dem Sprung den Standort. Dabei verlegte er die Sicherungsseile offenbar so, dass diese während des Falls aneinanderrieben. Die entstehende Hitze beschädigte das Seil. Es riss, als Osmans Gewicht am Ende des Fluges daran zog.

Touristen sind böse

Die Alpen haben mir meinen Abiturschnitt versaut. Meine mündliche Prüfung legte ich in Erdkunde ab, oder Geografie, wie das an anderen Schulen heißt. Die Prüfung fand im Keller unserer Schule statt. Eine halbe Stunde bevor ich vor dem Hauptprüfer und zwei Beisitzern über Plattentektonik, Wetterphänomene oder etwas anderes zu referieren hatte, wurde mir in einem Nebenzimmer die Aufgabe übergeben, zu der ich nach dreißig Minuten Denkzeit einen Vortrag hielt. Der Erdkundelehrer übergab mir eine Seite, die aus dem Diercke-Weltatlas kopiert war. Ein Alpental in Südtirol – eine Karte zeigte die Gegend in den Fünfzigerjahren, eine zweite in den späten Achtzigerjahren. Meine Aufgabe war es, die Auswirkungen des Tourismus auf das Tal herauszuarbeiten.

Mir fiel ein Stein vom Herzen. Das war machbar, und ich begann den Schneisen der Verwüstung nachzuforschen, die Touristen in diesem einst unberührten Tal ohne Zweifel hinterlassen hatten. Im Erdkundeunterricht fiel der Begriff Tourismus niemals ohne den Zusatz „Massen". Gab es auch so etwas wie einen Minimaltourismus? Ich stellte mir Horden ungestümer Menschen vor, die in Massen in ein pittoreskes Dolomitental einfielen, den örtlichen Bauern das Leben zur Hölle machten, massenhaft Ferienwohnungen und -häuser kauften, die Einheimischen verdrängten und es sich zur Aufgabe machten, mutwillig die Natur zu zerstören.

Ich entdeckte Straßen auf der Landkarte, die zwischen den Fünfziger- und Achtzigerjahren gebaut worden waren. Ich wies in der Prüfung darauf hin, dass die Orte während den Jahrzehnten regelrecht gewuchert waren. Eine Kläranlage, die nahe eines Dorfes gebaut worden war, erhielt meine Aufmerksamkeit und wurde von mir als Beweis dafür interpretiert, dass stinkende Abwässer in ständig wachsendem Umfang die Hotelburgen der Touristen verließen und einst reine Gebirgsbäche verpesteten. Überall waren Hotels gebaut worden. Geldgierige Unternehmer hatten die Berge mit Liftanlagen verletzt und die Hänge den skilaufenden Massentouristen gleichsam zum Fraß vorgeworfen. „Erosion!" rief ich triumphierend in Richtung meiner Prüfer. „Die Pistenraupen verdichten den Schnee, der dadurch später im Jahr schmilzt und so künstlich die Vegetationsperiode verkürzt", fuhr ich mit ernster Miene fort. Der Bewuchs des Hangs habe so nicht ausreichend Zeit, sich zu regenerieren und mit seinem Wurzelwerk zu verhindern, dass Schmelzwasser und Regengüsse den fruchtbaren Boden wegspülen. Überall auf den Karten witterte ich Spuren von Erosion und natürlich den unkontrollierten Einschlag von Holz. Es war doch ganz deutlich zu sehen, dass Wälder abgeholzt worden waren.

Ich redete wie eine Nassschneelawine, mit Wucht und ohne Luft zwischen meinen vielen Worten. Die Prüfer saßen, schwiegen und hörten mir zu, während ich ein Bild des Tourismus entwarf, das heute nicht einmal Reinhold Messner in seinen apokalyptischen Reden über den Verlust des Gefahrenraums Alpen ähnlich düster malt. Ich schloss meine Ausführungen mit einem Satz, in dem ich abermals die abscheulichen Auswirkungen des Massentourismus betonte.

Schweigen.

„Dem gibt es wohl nichts mehr hinzuzufügen", dachte ich in der Gewissheit, dass ich einen großen Auftritt hingelegt hatte.

Die Prüfer schauten sich untereinander an. Mein Erdkundelehrer räusperte sich, richtete den Blick auf mich und sagte: „Und, gibt es vielleicht auch irgendetwas Positives?"

„Positives?" stammelte ich verunsichert und starrte auf die Karten. Was sollte Gutes an einer Kläranlage sein, in der arme Dörfler ihr verschmutztes Wasser von den Fäkalien der Massentouristen reinigen mussten?

„Arbeitsplätze zum Beispiel", schlug mein Lehrer vor, doch ich kriegte die Kurve nicht mehr. „Ja, Arbeitsplätze", sagte ich und verstummte.

Seitdem mache ich dem Massentourismus in den Alpen neben massiven Umweltzerstörungen zum Vorwurf, dass ich in meiner mündlichen Abiturprüfung nur eine Drei bekommen habe.

Gipfel des Dichters

Die Île de la Possession liegt weit abgeschieden im Süden des Indischen Ozeans. Das Eiland gehört zum französischen Überseeterritorium Terres australes et antarctiques françaises und ist fast menschenleer. Einst gingen hier Robbenjäger und Walfänger für einige Zeit an Land. Heute sind hier nur ein paar Wissenschaftler in einer Forschungsstation anzutreffen. Ausgerechnet hier ehrt Frankreich einen seiner erfolgreichsten Schriftsteller und Phantasten: An der Nordküste des knapp zwanzig auf fünfzehn Kilometer großen Eilands erhebt sich ein Berg, der 1962 Mont Jules Verne getauft wurde. Dem Schriftsteller und Science-Fiction-Pionier zu Ehren trägt übrigens ein weiteres extrem abgelegenes und unwirtliches Fleckchen Land den Namen Jules Vernes: ein Krater auf der Rückseite des Mondes.

Berge und ihre Namen 4: Essen und Trinken

- Bira, Kanton Bern, Schweiz, 2453 Meter
- Erdbeerkopf, Harz, Deutschland, 848 Meter
- Essigberg, Habichtswald, Deutschland, 595 Meter
- Große Rübe, Rottenmanner Tauern, Österreich, 2093 Meter
- Käsplatte, Bayerischer Wald, Deutschland, 979 Meter
- Krautwasch, Wölzer Tauern, Österreich, 2360 Meter

- Mount Bierstadt, Front Range, Rocky Mountains, USA, 4286 Meter
- Salzofen, Totes Gebirge, Österreich, 2070 Meter
- Schokoladetafel, Brandenberger Alpen, 2165 Meter
- Tabakmannl, Berchtesgadener Alpen, Deutschland, 2021 Meter
- Tischfeldspitze, Wölzer Tauern, Österreich, 2268 Meter
- Trinkerkogel, Ötztaler Alpen, Österreich, 3161 Meter
- Wirtsspitz, Rottenmanner Tauern, Österreich, 2032 Meter

Gipfel-Gastro

Erbseneintopf mit Wursteinlage war gestern – immer mehr Hütten in den Alpen rüsten ihre Küche auf und bieten Gerichte an, die vor einigen Jahren noch der Hochgastronomie vorbehalten waren. Natürlich dürfen Anklänge an die alpine Kultur nicht fehlen. Ein kulinarisches Erlebnis aus einer Alpenhütte in einer ähnlichen Version zum Nachkochen im Flachland:

Carpaccio von Gams und Gänseleber

Zutaten für 4 Personen:

300 Gramm Gamsfilet * 100 Gramm Gänseleber * Frische Steinpilze * 4cl Apfelsaft * 2cl Orangensaft * 2cl Dessertwein * 1 Orange * Nussöl * Balsamico * Salz * Pfeffer

Das Gamsfilet der Länge nach aufschneiden und klopfen. Fleisch mit Pfeffer und Salz würzen, mit dem Orangensaft bestreichen und durchziehen lassen. Die Gänseleber würfeln, mit Pfeffer und Salz würzen, dann mit dem Süßwein und Apfelsaft marinieren. Die vermengte Leber in einer Folie zu einer Rolle formen und gut kühlen. Anschließend das Fleisch ebenfalls auf einer Frischhaltefolie auslegen, die Leber in das der Länge nach aufgeschnittene Filet füllen, beides zu einer großen Rolle einschlagen und für etwa zwölf Stunden ins Gefrierfach geben. Das gefrorene Fleisch samt Füllung in hauchdünne Scheiben schneiden, auf einem Teller anrichten und mit ebenfalls in zarte Scheiben geschnittenen Steinpilzen belegen. Dazu Filets aus der Orange anrichten und das Carpaccio mit Öl und Balsamico abschmecken.

Eigenwillige Behandlung

Maurice Herzog stand zusammen mit Louis Lachenal als erster Mensch der Welt auf dem Gipfel eines Achttausenders. Der Preis für die Erstbesteigung der Annapurna am 3. Juni 1950 war hoch: Herzog zog sich schwere Erfrierungen an den Händen und Füßen zu. Der Abstieg war eine Tortur, die beiden Bergsteiger entgingen nur um Haaresbreite dem Tod. Im höchstgelegenen Lager der französischen Himalaja-Expedition ließen seine Bergkameraden Herzog eine aus heutiger Sicht eigenwillige Behandlung angedeihen. Die Haut auf den erfrorenen Fingern des ehrgeizigen Bergsteigers hing bereits in Fetzen herab, die Muskeln darunter lagen bloß. Die Füße waren geschwollen, steinhart und aufgebläht, die Zehen wie tot. Getreu den medizinischen Annahmen der frühen Fünfzigerjahre versuchten Herzogs Begleiter die Durchblutung in den betroffenen Gliedmaßen anzukurbeln, indem sie daraufschlugen. Die ganze Nacht, so geht die Legende, droschen die Kameraden des Gipfelsiegers mit einem Seilende auf Hände und Füße, auf Finger und Zehen von Maurice Herzog ein. Abgesehen davon, dass diese Prozedur extrem schmerzhaft war, schadete sie dem Patienten. Denn anstatt den Blutfluss in den erfrorenen Extremitäten anzuregen, fügten die Schläge dem Gewebe lediglich weiteren Schaden zu. Der Rückweg nach Delhi geriet zum Martyrium für Herzog. In der indischen Hauptstadt stellte der Expeditionsarzt Jacques Oudot fest, dass bereits Maden in den zerschundenen Füßen

Herzogs steckten. Die Fliegenlarven ließen sich vor Ort nicht entfernen. Der Bergsteiger musste bis zur seiner Rückkehr nach Frankreich leiden. Dort operierten ihn Chirurgen insgesamt zwölf Mal. Dabei nahmen sie ihm alle Finger und alle Zehen ab. Maurice Herzogs Buch »Annapurna, erster Achttausender«, eine heroische Verklärung seiner Tat, wurde zu einem der erfolgreichsten Bergbücher aller Zeiten.

Flame-out

Der 3108 Meter hohe Strato-Vulkan Mount Redoubt in Alaska ließ KLM-Flug 867 beinahe in einer Katastrophe enden. Der Jumbojet der niederländischen Fluggesellschaft war am 15. Dezember 1989 auf dem Weg von Amsterdam nach Tokio und überquerte dabei Alaska. Der Pilot steuerte die sechs Monate alte Boeing 747 in eine äußerlich harmlos wirkende Wolke, die der Mount Redoubt etwa neunzig Minuten zuvor ausgespien hatte. Per Funk teilte der Kapitän der Bodenstation im nahen Anchorage mit, dass die Wolke nur leicht bräunlich aussehe und keine Bedrohung darstelle. Kurz darauf meldete Karl van der Elst, dass alles um ihn herum schwarz sei und ein übler Gestank in das Cockpit eingedrungen sei. Man habe es mit einem »Flame-out« zu tun, teilte der Pilot weiter mit. Diesen Begriff benutzen Flieger, wenn die Flammen in den Brennkammern der Triebwerke erlöschen. Ein Flame-out bedeutet nichts anderes, als dass die Triebwerke ausfallen. Fliegt ein Flugzeug durch eine Wolke von Vulkanasche wie KLM-Flug 867, dann ist die Gefahr dafür sehr hoch. Nach acht Minuten Sinkflug und mehreren Startversuchen gelang es der Crew endlich, zwei Triebwerke wieder in Gang zu setzen und die Boeing mit 231 Passagieren an Bord in Anchorage zu landen. Ein Mitarbeiter der US-Flugsicherheitsbehörde berichtete später, dass die Maschine völlig ramponiert war. Die Vulkanasche hatte den Lack des Flugzeugs fast komplett abgeschmirgelt. Der Flieger sah aus, als habe man ihn mit dem Sandstrahler behandelt.

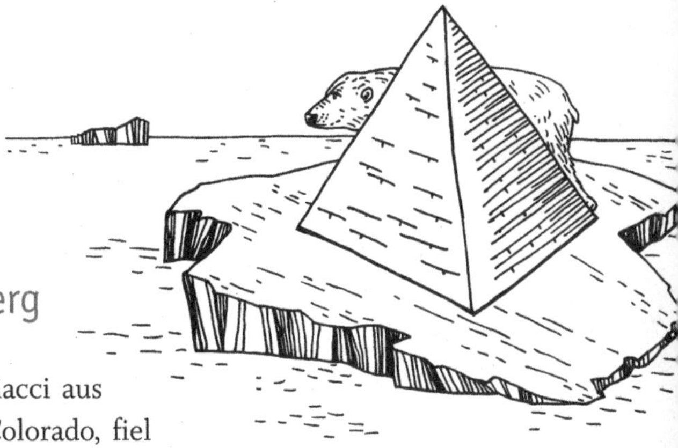

Mein Berg

Richard Ciacci aus Boulder, Colorado, fiel mit einem Streich auf: Der kartografische Zeichner hatte sich in den Siebzigerjahren in einer Karte des US-Staates Colorado mit dem fiktiven Mount Richard verewigt. Es dauerte zwei Jahre, bis der Fehler entdeckt wurde.

Superlative

- Der Mount McKinley in Alaska (6194 Meter) gilt als kältester Berg der Welt.
- Der Olympus Mons auf dem Mars ist der größte Berg unseres Sonnensystems. Der Vulkan erreicht vom Fuß aus gemessen eine Höhe von 26 400 Metern. Der Durchmesser des Berges beträgt etwa 600 Kilometer.
- Der Mount Augustus ist der größte Monolith der Erdoberfläche. Der 1106 Meter hohe Berg erhebt sich etwa 600 Meter über die Umgebung im Westen Australiens. Er ist sieben Kilometer lang und drei Kilometer breit. Ein Monolith ist ein Stein aus einem Stück.
- Gunnbjørns Fjeld ist der höchste Berg, der sich nördlich des Polarkreises befindet. Der 3694 Meter hohe Gipfel ist zugleich der höchste Berg Grönlands.
- Der britische Schriftsteller John Ruskin (1819 – 1900) ernannte das Matterhorn zum »edelsten Felsen Europas«.
- Der Kilimandscharo (5895 Meter) im Nordosten Tansanias ist der höchste frei stehende Vulkan der Welt.
- La Paz in Bolivien ist der höchstgelegene Regierungssitz der Welt. Die Stadt liegt auf einer Höhe von 3200 bis 4100 Metern.
- Der Wilseder Berg ist die höchste Erhebung der Lüneburger Heide. Er misst 169 Meter und 20 Zentimeter.
- Der Campanile di Val Montanaia (2173 Meter) ist für seine etwa 300 Meter hohe und nur sechzig Meter

breite Felsnadel bekannt. Der britische Alpenmaler und Bergsteiger Edward Theodore Compton verlieh dem Campanile di Val Montanaia mit seiner extremen Form den Titel »Der unlogischste Berg der Welt«.

- Der Lavasee im Krater des Vulkans Nyiragongo (3470 Meter) im Osten der Demokratischen Republik Kongo ist der größte der Welt.
- Der K2 im pakistanischen Karakorum ist mit 8611 Metern nur der zweithöchste Berg der Welt. Doch einen Superlativ kann er für sich reklamieren: Er gilt unter Bergsteigern als schwierigster aller Achttausender.
- Der Mount Erebus (3794 Meter) ist der am südlichsten gelegene aktive Vulkan der Erde. Er befindet sich auf der Ross-Insel in der Antarktis.
- Die Westflanke des Chambe Peak (2556 Meter) im Mulanje-Massiv in Malawi ist die höchste Steilwand Afrikas. Sie erreicht eine Höhe von etwa 1500 Metern.
- Die Anden und die Rocky Mountains bilden gemeinsam die Kordilleren – den längsten oberirdischen Gebirgszug der Erde. Dieser erstreckt sich über etwa 15 000 Kilometer von Alaska im Norden bis Feuerland im Süden.
- Die Rupalflanke des Nanga Parbat (8125 Meter) in Pakistan ist mit 4500 Metern die höchste Felswand der Welt.
- Die St. Elias Range in Alaska gilt als höchster Küstengebirgszug der Welt. Ihr höchster Gipfel ist der

Mount Logan (5959 Meter), der zugleich der höchste Berg Kanadas und der zweithöchste Berg Nordamerikas ist.

- Der Tài Shān in China ist mit 1545 Metern zwar nicht der höchste der fünf heiligen Berge des Daoismus, wohl aber der berühmteste.
- Die Nanda Devi (7816 Meter) ist der höchste Berg, der sich komplett auf indischem Territorium befindet. Von 1936 bis zur Erstbesteigung der Annapurna 1950 war er der höchste von Menschen erreichte Gipfel der Welt.
- Das Rifgebirge bildet einen Teil des Atlasgebirges in Marokko und verläuft parallel zur Mittelmeerküste. Sein höchster Gipfel ist der Tidighin mit 2456 Metern. Im Rifgebirge befindet sich das größte Cannabis-Anbaugebiet der Welt.
- 1998 bestieg Robert Webb binnen 24 Stunden sechs Mal den Mount Shasta (4317 Meter) und legte dabei 11 500 Höhenmeter zurück. Auf dem Mount Shasta befindet sich der größte Gletscher Kaliforniens, der Whitney Glacier.
- Nepal ist der Staat, dessen Gebiet die durchschnittlich größte Höhe erreicht. Etwa vierzig Prozent des Staatsgebietes liegen mehr als 3000 Meter über dem Meeresspiegel.
- Das Berghaus Diavolezza in der Berninagruppe in den Schweizer Alpen liegt auf 2973 Metern Höhe, bietet Ausblicke auf Piz Bernina sowie Piz Palü und rühmt sich, über den höchstgelegenen Outdoor-Jacuzzi Europas zu verfügen.

- Das Tibesti ist das höchste Gebirge der Wüste Sahara. Sein höchster Gipfel ist der 3415 Meter hohe Emi Koussi, ein aktiver Vulkan.
- Der Kailash in Tibet wird auch als der »heiligste Berg der Welt« bezeichnet.

Weisheiten vom Berg

- »Berg und Berg kommen nicht zusammen, aber Mensch und Mensch.« (Armenien)
- »Der blaue Berg bewegt sich nicht, doch der Geist entkommt und folgt der Strömung des Windes.« (Japan)
- »Der Glaube kann Berge versetzen.« (Deutschland)
- »Je höher der Berg, desto tiefer das Tal.« (aus dem Lateinischen)
- »Fehler sind wie Berge, man steht auf dem Gipfel seiner eigenen und redet über die der anderen.« (Afrika, Sprichwort der Hausa)
- »Halte mich, dass ich dich halte, auf dass wir den Berg erklimmen.« (Griechenland)
- »Hilf dem Manne bergauf, nicht bergab.« (Finnland)
- »Niemand kann Ski fahren, ohne Spuren zu hinterlassen.« (Finnland)
- »Ist der Berg auch noch so steil, a bisserl was geht allerweil.« (Österreich)
- »Ist kein Tiger in den Bergen, will der Affe König werden.« (Indien)

▲ »Je tiefer man fliegt, desto weniger schmerzvoll ist der Absturz.« (China)

▲ »Aus Staubkörnern kann ein Berg werden.« (Japan)

▲ »Und wenn du auch die Kraft hast, einen Berg zu versetzen, so brauchst du noch einen Verstand, der so groß und so ruhig ist wie ein Ozean.« (China)

▲ »Wenn der Berg nicht zum Propheten kommt, muss der Prophet zum Berg gehen.« (Europa)

▲ »Wenn du vernimmst, dass ein Berg versetzt worden sei, so glaube es. Wenn du aber vernimmst, dass ein Mensch seinen Charakter geändert habe, so glaube es nicht.« (Arabien)

▲ »Zweifel macht den Berg, den der Glaube versetzen kann.« (Europa)

Gipfel-Oscar

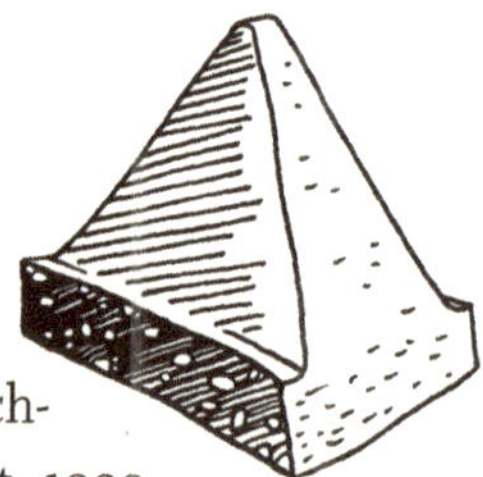

Der Piolet d'Or (französisch für Goldener Eispickel) gilt als wichtigste Auszeichnung für Leistungen im Bergsport. Seit 1992 vergibt die französischen Zeitschrift »Montagne Magazine« zusammen mit dem französischen Alpinistenverband Groupe de Haute Montagne (GHM) die Auszeichnungen. Für das Jahr 2008 wurde kein Preis vergeben, weil es heftigen Streit wegen des Auswahlverfahrens der Preisträger gab und außerdem grundsätz liche Uneinigkeit darüber herrschte, ob alpinistische Leistungen überhaupt mit Preisen bewertet werden sollten. Die Preisträger und ihre ausgezeichnete Leistung:

1992: Andrej Štremfelj und Marko Prezelj (beide Slowenien). Besteigung der Südwand des Kangchendzönga.

1993: Michel Piola (Schweiz) und Vincent Sprüngli (Frankreich). Besteigung der Ostseite der Cordillera del Paine im chilenischen Patagonien.

1994: Die Jugend-Höhenexpedition des französischen Alpenclubs für Besteigungen im Pamir, einem zentralasiatischen Hochgebirge.

1995: Francois Marsigny (Frankreich) und Andy Parkin (Großbritannien). Neue Route auf den Cerro Torre, einen Granitberg in Patagonien an der argentinisch-chilenischen Grenze.

1996: Andreas Orgler (Österreich), Helmut Neswabda und Arthur Wutscher (Deutschland) für zahlreiche neu erschlossene Routen im Ruth-Gletschergebiet in Alaska, unter anderem die Südseite des Mount Bradley.

1997: Tomaž Humar und Vanja Furlan (beide Slowenien). Neue Route auf der Ostseite der Ama Dablam (Himalaja).

1998: Sergey Efimov und Team (Russland). Erstbesteigung der Westseite des Makalu.

1999: Andrew Linblade (Australien) und Athol Whimp (Neuseeland). Besteigung der Nordseite des Thalay Sagar (Himalaja).

2000: Lionel Daudet und Sébastien Foissac (beide Frankreich). Besteigung der Südostseite der Burkett Needle (Alaska).

2001: Thomas Huber (Deutschland) und Iwan Wolf (Schweiz). Erstbegehung der Nordroute des Shivling (6543 Meter, Himalaja).

2002: Waleri Pawlowitsch Babanow (Russland). Alleingang am Meru Central (Kenia).

2003: Mick Fowler und Paul Ramsden (beide Großbritannien). Neue Route durch die Nordwand des Siguniang (6250 Meter) in China.

2004: Waleri Pawlowitsch Babanow und Yuri Koshelenko (beide Russland). Besteigung des Nuptse Shar I (Himalaja).

2005: Alexander Odintsov und Team (Russland). Erstbesteigung der Nordwand des Jannu (Himalaja).

2006: Steve House und Vince Anderson (beide USA). Erste Alpinstil-Begehung der Rupalwand am Nanga Parbat (Himalaja).

2007: Marko Prezelj und Boris Lorencic (beide Slowenien). Erstbesteigung der Nordwestseite des Chomolhari (Himalaja).

2008: nicht vergeben

2009: (erstmals mehrere Preise vergeben): Walter Bonatti (Italien) für sein Lebenswerk; Kazuya Hiraide, Kei Taniguchi (beide Japan), Südost-Route auf den Kamet (Himalaja); Fumitaka Ichimura, Yusuke Sato und Kazuki Amano (alle Japan), neue Route an der Nordseite des Kalanka (Himalaja); Ueli Steck und Simon Anthamatten (beide Schweiz), neue Route auf der Nordseite des Tengkampoche (Himalaja).

2010: Denis Urubko und Boris Dedeshko (beide Kasachstan), neue Route an der Südostseite des Cho Oyu (Himalaja); Bruce Normand (Großbritannien), Jed Brown und Kyle Dempster (beide USA), Nordwand des Xuelian West (China).

Der Bergsteiger im Mond

Die Hochlagen auf dem Mond bestehen – wie auch der überwiegende Teil der Kruste des Erdtrabanten – aus dem Gestein Anorthosit, einem sogenannten plutonischen Gestein. Dieses entsteht in großer Tiefe durch die Kristallisation von Magma. Auf der Erde ist Anorthosit als Baustoff für exklusive Innenausstattungen recht begehrt, weil manche Teile des Gesteins bei Lichteinfall spektakulär schillern oder »labradorisieren«, wie der Fachmann sagt.

Berg in neuer Umgebung

Der Schutt aus dem Gotthard-Basistunnel wird zum Teil als Beimischung für Beton wieder in den Tunnel eingebracht. Das übrige Material wird verwendet, um damit alte Steinbrüche zu verfüllen. Außerdem wurden mit Schutt aus dem Gotthard-Basistunnel bereits sechs Badeinseln im Vierwaldstätter See aufgeschüttet. Dazu wurden 2,6 Millionen Tonnen Ausbruchmaterial verwendet, das zum Teil aus dem Inneren des Gotthardmassivs stammte.

Die Mannschaft ist der Star

Die größte Gefahr bei einer Expedition stellen die Expeditionsteilnehmer dar. Herrscht in der Gruppe nicht die richtige Dynamik, hat nicht jeder seine Rolle und nicht jeder das gleiche Ziel vor Augen, scheitert eine Tour – manchmal sogar, bevor ihre Teilnehmer überhaupt aufgebrochen sind. Um zu dieser Erkenntnis zu gelangen, ist es keineswegs nötig, eine Barfuß-Expedition auf den Nanga Parbat zu organisieren oder endlich mit der ersten Kamelkarawane den Angriff auf den Südpol zu wagen. Schon ein Ausflug zu einem kleinen Berg kann einem diese Einsicht bringen. Ich selbst habe die Lektion im Örtchen Dienten im Salzburger Land gelernt.

Kurz nachdem wir die Schule abgeschlossen hatten, mieteten wir uns in dem Dorf am Fuße des Hochkönigs eine Hütte. Wir waren vier Jungs, ein Mädchen und alle noch keine zwanzig Jahre alt. Wir verbrachten eine ziellose Woche in einer Hütte. Wir hatten eine E-Gitarre und einen Verstärker dabei und niemanden, der in der Lage war, Gitarre zu spielen. Wir lärmten trotzdem ausgiebig. Es störte ja niemand außer die anderen vier, die gerade nicht die Gitarre bedienen durften.

Ein konkretes Vorhaben hatten wir jedoch, nämlich irgendwann im Laufe der sieben Tage den Hochkönig zu besteigen, den mit 2941 Meter höchsten Gebirgsstock der Berchtesgadener Alpen. Sonst verbrachten wir unsere Tage, indem wir zum Baden an einen See fuhren, vor der Hütte herumsaßen, Spiele spielten, schlau daherredeten und abends begannen, viel Bier zu trinken. Und mit dem Alkohol fingen die Probleme an.

Eines nämlich war klar: Am Abend, bevor wir auf den Hochkönig steigen würden, sollten wir alle nüchtern bleiben – das war in dieser Ferienphase kurz nach den Abiturprüfungen nicht ganz einfach. Aber wir rechneten damit, dass wir gegen fünf oder sechs Uhr in der Früh aufstehen müssten und trotzdem erst gegen Abend wieder vom Berg zurück sein würden. Zwei aus unserer Gruppe waren noch nie zuvor in den Bergen gewesen, da wollten wir möglichst viel Zeit zur Verfügung haben und uns nicht mit einem Kater herumplagen. Man wisse ja nie, sagte Stefan, der mal wieder zum inoffiziellen Expeditionsleiter geworden war.

Unsere bergsteigerischen Ambitionen vertrugen sich nicht mit der adoleszenten Lust am Rausch. So fieberten wir täglich dem Wetterbericht entgegen. War Regen angesagt, holten wir das Bier aus dem Kühlschrank. Versprach der meteorologische Dienst gute Aussichten, wollten wir abstinent bleiben. Die ersten zwei Tage war es regnerisch gewesen, was uns gar nicht ungelegen kam – so konnten wir schon nachmittags anfangen, Bier zu trinken. Als das Wetter besser, aber immer noch nicht eindeutig gut wurde, trieb der Wetterbericht einen Keil zwischen uns.

Es ist erstaunlich, wie unterschiedlich Menschen in einer Gruppe mit den gleichen Informationen umgehen. Am Spätnachmittag saßen wir regelmäßig um das Radio in der Küche der Hütte. Wir hörten den Wetterbericht eines Regionalsenders, um zu entscheiden, ob wir am Tag darauf zum Hochkönig aufbrechen könnten. Nach dem Wetterbericht zerfiel die Gruppe mehrmals in drei Fraktionen: Stefan und Fabio interpretieren die Wettervorhersage zugunsten der Bergtour.

Ganz klar, argumentierte Stefan, es sei allenfalls leichter Nieselregen angesagt, das lasse eine Begehung des Hochkönigs ohne Weiteres zu. Fabio nickte wortlos und schloss sich dieser Betrachtung an.

Ich widersprach der Deutung, sprach über die Gefahr plötzlicher Regengüsse im Hochgebirge und strengte eine Diskussion über die Auslegung des Begriffs „leichter Schauer" an. Oliver stimmte mir zu und sprach sich ebenfalls dagegen aus, am nächsten Tag auf den Hochkönig zu steigen.

Senta, die einzige Frau in der Gruppe, weigerte sich, eine Meinung zu äußern. Ihr sei das alles wurscht, sagte sie. Wir sollten uns einigen, sie würde das Ergebnis hinnehmen und akzeptieren oder eben in der Hütte bleiben, wenn ihr dies ratsam erscheine.

Wir diskutierten, wiederholten unsere Meinungen, und bis die nächsten Nachrichten samt Wetterbericht im Radio liefen, waren wir bereits heiser und der Ton gereizt. Der Sprecher im Radio wiederholte den Wetterbericht, und die Jungmänner-Fraktionen in der Hütte zu Dienten beharrten weiter auf ihrer jeweiligen Meinung. Der Wetterbericht eines anderen Senders entsprach inhaltlich dem der anderen Radiostation und brachte keine Entspannung der Fronten.

Irgendwer schlug vor, ins Dorf zu fahren und dort in einer Zeitung den Wetterbericht zu lesen. „Na großartig", brummte ein anderer, „das bringt es doch auch nicht, die Vorhersage ist doch schon von gestern."

Schließlich einigten wir uns darauf, dass jede der verfeindeten Fraktionen einen Vertreter entsenden würde. Diese sollten ins Dorf fahren, eine Telefonzelle aufsuchen – wir schreiben die frühen Neunzigerjahre, eine Ära vor dem Mobiltelefon – und von dort aus die Wetter-Hotline des Österreichischen Alpenvereins anrufen. Weiterhin beschloss das

Plenum bei einer Enthaltung (Senta), dass die beiden Abgesandten direkt nach dem Telefonat eine Entscheidung fällen würden, der sich die in der Hütte Zurückgebliebenen zu unterwerfen hätten. Die Fraktionen entsandten jeweils ihr weniger meinungsfreudiges Mitglied (Fabio und Oliver). Dies war als weitere Geste der Entspannung zu verstehen.

Das Team brach auf, in der Hütte herrschte angespannte Wortlosigkeit. Nach einer halben Stunde kehrte die Wetter-Prognose-Feststellungs-Kommission aus dem Dorf zurück. Beide griffen sich wortlos ein Bier und öffneten die Flasche. Es war Regen angesagt.

Das Wetter blieb unbeständig, und wir mussten deshalb abermals Demokratie wagen. Wir wiederholten die Prozedur, mit besser eingespielten Abläufen. Den Hochkönig bestiegen wir dann trotz schlechter Sozial- und Wetterprognose doch noch – wenn auch erst beim zweiten Versuch. Beim ersten Anlauf führte uns der Weg durch eine sehr steile Passage, in der noch meterhoher Schnee lag. Für die Bergnovizen und unsere miserable Ausrüstung war dies zu fordernd. So bot sich die Gelegenheit, einen zweiten Termin in der Woche festzulegen – und darüber zu streiten, welcher der anderen Wege auf den Hochkönig für unsere Gruppe am besten geeignet wäre.

Putzkolonne

In Salzburg suchen Bergputzer seit dem Jahr 1574 die Felswände der Hausberge im Stadtgebiet nach losen Steinen ab. In jenem Jahr wurde dies zumindest erstmals urkundlich erwähnt. Damals fand die Überprüfung der Hausberge Salzburgs offenbar nur gelegentlich statt, später seilten sich dann regelmäßig Bergputzer ab, um die insgesamt etwa 300 000 Quadratmeter Fels im Stadtgebiet nach Gefahren abzuklopfen. 1778 wurde die Tätigkeit, die bislang meist Bergwerkarbeiter ausübten, in den Rang eines eigenen Berufsstands erhoben. Heute prüfen die Felsputzer der Stadt Salzburg, ob es lockere Steine an den Hängen des Mönchs-, Rain-, Kapuziner- oder Festungsbergs gibt. Außerdem schneiden sie den Bewuchs der Wände zurück und entfernen Pflanzen, damit deren Wurzeln Spalten und Klüfte nicht weiter vertiefen.
Wie groß die Gefahr von Steinschlägen in Salzburg tatsächlich ist, zeigte sich am 16. Juli 1669. Damals lösten sich zwischen zwei und drei Uhr morgens Gesteinsmassen vom Mönchsberg. Die Felsen zerstörten die Markuskirche, das Seminarum Alumnorum, die Liebfrauenkapelle und dreizehn Häuser in der Gstättengasse nahe der heutigen Ursulinenkirche. 230 Menschen starben. Viele der Opfer wurden von kleineren herabfallenden Steinen getötet, als sie Verletzten zu Hilfe kamen. Angeblich war der Schuttberg so groß, dass die Salzburger zehn Jahre brauchten, um ihn komplett abzutragen.

Berge und ihre Namen 5: Haushalt

- Aula, Tessin, Schweiz, 1417 Meter
- Dreisesselberg, Bayerischer Wald, Deutschland, 1333 Meter
- Gabelspitze, Venedigergruppe, Österreich, 3071 Meter
- Hangofen, Wölzer Tauern, Österreich, 2056 Meter
- Hinterer Ofenkogel, Totes Gebirge, Österreich, 2001 Meter
- Hinterer Polster, Hochschwab, Österreich, 2057 Meter
- Kübelspitze, Lechtaler Alpen, Österreich, 2661 Meter
- Löffelspitze, Venedigergruppe, Österreich, 3190 Meter
- Pfannenstock, Schwyz, Schweiz, 2573 Meter
- Quirl, Venedigergruppe, Österreich, 3251 Meter
- Schaufelspitze, Schladminger Tauern, Österreich, 2375 Meter
- Tube, Kanton Bern, Schweiz, 2107 Meter
- Waschgang, Ankogelgruppe, Österreich, 2709 Meter
- Wasenspitze, Dachstein, Österreich, 2257 Meter
- Weinflaschenkopf, Goldberggruppe, Österreich, 3006 Meter

Alpenüberquerung mit Rüsseltier

Der karthagische Feldherr Hannibal führte vor mehr als 2000 Jahren vor, was heute unzählige Hobbysportler auf Rennrädern, Mountainbikes, Skiern oder zu Fuß unternehmen: Er überquerte die Alpen von Norden nach Süden. Allerdings führte er dabei einen Tross von mehr als 50 000 Soldaten, 9000 Reitern und 37 Kriegselefanten an, um mit ihnen in den Krieg gegen Rom zu ziehen. Diese beeindruckende Leistung ist weithin bekannt, doch welche Route Hannibal einst über die Alpen nahm, ist bis heute ein Rätsel für Historiker und Archäologen. Patrick Hunt von der Universität Stanford hat zumindest einen Verdacht, für den der Archäologe in jahrelanger und mühsamer Forschungsarbeit zahlreiche Indizien gesammelt hat. Zehn Jahre lang analysierte Hunt Satellitenbilder, las antike Texte von Polybius bis hin zu Livius, machte sich mit den historischen Witterungsverhältnissen, der einstigen Schneegrenze und dem Fortgang der Erosion in den Alpen vertraut. Patrick Hunt überquerte außerdem 25 Alpenpässe zu Fuß, brach sich während seiner Forschungswanderungen in den Bergen dreißig Knochen und verlor dabei fast sein Leben. Dann glaubte er, die Lösung gefunden zu haben: Hannibals Armee kam von der Rhône und zog eine sanfte Steigung bis zum Col du Clapier in den Cottischen Alpen empor. Der 2482 Meter hohe Pass zwischen Frankreich und Italien bietet ausreichend Platz für das Lager einer Armee von Zehntausenden Soldaten. Von der Passhöhe ist außerdem die Poebene sichtbar und der Abstieg dorthin mörderisch – so wie antike Texte dies beschreiben. Andere Wissenschaftler unterstützen die These Patrick Hunts, doch archäologische Beweise hat bisher keiner von ihnen gefunden. So könnte es auch sein, dass die Armee Hannibals mit den 37 Elefanten einst über den Col de Mongenèvre oder den Col du Mont Cenis ihrem Schicksal entgegengezogen ist.

Am Berg sind alle gleich

Roman Abramovich ist einer der reichsten Männer der Welt. Der russische Milliardär verdiente im Ölgeschäft ein gigantisches Vermögen und ist heute vor allem als Besitzer des FC Chelsea London bekannt. Mit Geld lässt sich zwar ein Fußballclub und vieles anderes kaufen, auf einem hohen Berg bringt einen ein dicker Geldbeutel aber nicht unbedingt weiter: Im September 2009 scheiterte Abramovich am Kilimandscharo, dem mit 5892 Metern höchsten Berg Afrikas. Die Nachrichtenagentur AFP meldete, dass der Milliardär Unterstützung von 113 Trägern gehabt habe und trotzdem auf einer Höhe von 4600 Metern umkehren musste. Der reiche Bergsteiger habe unter Atemproblemen gelitten, hieß es. Jedes Jahr versuchen etwa 25 000 Menschen, den Kilimandscharo zu besteigen. Weniger als die Hälfte schafft es bis auf den Gipfel.

Give me Edelweiß

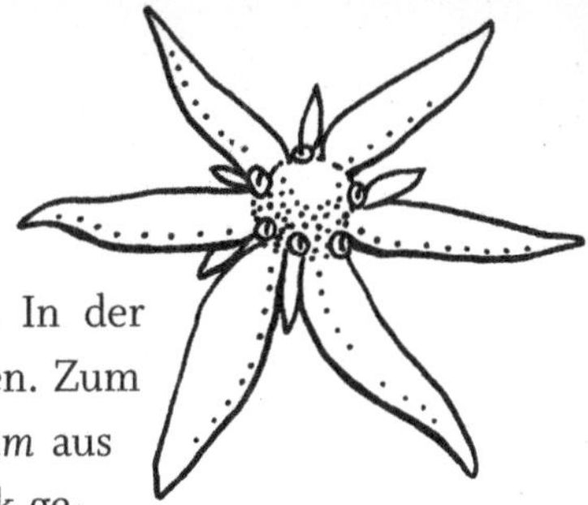

Das Alpen-Edelweiß gilt als bekannteste Pflanze der Berge. In der Natur ist es nur schwer zu finden. Zum einen, weil *Leontopodium alpinum* aus der Familie der Korbblütler stark gefährdet ist. Zum anderen, weil die wollig-weißfilzigen Blumen bevorzugt in felsiger Kalksteinumgebung in Höhen von 1800 bis 3000 Metern wachsen – und dorthin zu gelangen ist beschwerlich. Doch selbst wer ein Edelweiß findet, sollte sich hüten, dieses zu pflücken, es steht unter Naturschutz. Dass Edelweiß so selten und so kostbar ist, macht den Reiz dieser Pflanze aus. Da ist es fast schade, dass es Biologen der Forschungsanstalt Agroscope in Conthey im Schweizer Wallis gelungen ist, das seltene langstielige Edelweiß zu züchten. Auf Versuchsflächen gedeiht das Edelweiß bereits. Bald soll es unter dem Namen »Helvetia« beim Floristen ums Eck als gewöhnliche Schnittblume verkauft werden.

Doppelgänger

Der Inselberg Ayers Rock in Australien, der offiziell Uluru heißt, hat einen Doppelgänger: Der Mount Gabi befindet sich auf dem Meeresboden vor Australiens Westküste. Er hat fast die gleiche Größe und Form wie der Ayers Rock. Ozeanografen entdeckten den Unterwasserberg im Jahr 2006 zufällig bei der Kartierung des Meeres im Südwesten Australiens. Der Entdecker von der Universität der westaustralischen Stadt Perth benannte den Unterwasserberg nach seiner deutschstämmigen Ehefrau Mount Gabi.

Druck von unten

Die Kontinentaldrift drückt Gestein zu Gebirgen in die Höhe, das einmal Meeresboden war. Bevor dies bekannt war, galten versteinerte Muscheln, die man hoch im Gebirge fand, als Spuren der biblischen Sintflut – so hoch müsse das Wasser einst gestanden haben, als Noah in seiner Arche ausharrte, so die Überlegung der Gläubigen.

Hoch-Tief

Das Gamburtschewgebirge ist etwa so groß wie die Alpen. Es liegt gänzlich unter einer kilometerdicken Eisschicht in der Antarktis verborgen und gilt als möglicher Punkt, an dem die Vereisung des Kontinents vor dreißig Millionen Jahren begann. Im Gamburtschewgebirge finden sich also sicher noch unzählige unbestiegene Gipfel.

Die ersten Opfer

Albert Frederick Mummery unternahm gemeinsam mit Geoffrey Hastings und Norman Collie im Juni 1895 den ersten Versuch überhaupt, einen Achttausender zu besteigen. Die Engländer wählten den 8125 Meter hohen Nanga Parbat in Pakistan. Sie versuchten, den Gipfel über das Rupaltal und die Südflanke zu erreichen, scheiterten aber. Daraufhin überschritten sie den Mazenopass ins Diamirtal auf der Suche nach einer anderen Möglichkeit, den Berg zu bezwingen, abermals erfolglos. Am 24. August 1895 unternahm Mummery gemeinsam mit den Gurkhas Ragobir und Goman Singh den Versuch, zum Rakhiotgletscher zu gelangen und von dort aus weiter Richtung Nanga Parbat zu steigen. Die drei Bergsteiger wurden nie gefunden. Sie gelten als die ersten Opfer des mächtigen Berges und die ersten Toten an einem Achttausender.

Das hat mit Radeln nichts zu tun

Der Wirt der Zufallhütte in Südtirol blickte Thomas und mich mitleidig an. „Mit Radln hat des fei nix zum tun", sagte er und stellte die zwei Teller Erbseneintopf mit Wursteinlage auf den Tresen. „Habt`s wenigstens Grödel fürs Eis dabei?", fragte er. Thomas und ich schüttelten den Kopf. Der Hüttenwirt verzog das Gesicht. „Wir schauen einfach mal", sagte Thomas und überzeugte damit keinen von uns dreien. Wir nahmen unseren Eintopf, setzten uns nach draußen in die Vormittagssonne und versuchten, entspannt zu essen.

Mein mulmiges Gefühl war auf einen Schlag zu großem Unbehagen gewachsen. Beim Essen am Abend zuvor hatte es sich erstmals gemeldet. Wir saßen in der Gaststube der Schaubachhütte am Ortler, aßen Risotto und stellten fest, dass wir die einzigen Mountainbiker waren. Die anderen Hütten bei dieser Alpenüberquerung waren voll mit Radlern gewesen, die über Höhenmeter, Tagesetappen, das Gewicht und die technische Ausstattung ihres Fahrrads schwadronierten. Hier saßen nur schweigsame Typen herum, zu denen die Hochtouren- und Kletterausrüstungen im Trockenraum gehören mussten. Ich fühlte mich fehl am Platz; als sei ich mit Scheibenbremse und Federgabel in ein Reich eingedrungen, zu dem nur Menschen mit Eispickel und Bohrhaken Zutritt haben.

Für die nächste Tagesetappe kündigte unsere Tourenbeschreibung auch noch derbe Schindereien und technische Herausforderungen an. Wir sollten einen Gletscher überqueren und unser Fahrrad irgendwie über eine steile Wand aus Geröll wuchten. Dazu schilderte der Autor des Transalp-Buches eine Heldengeschichte samt Blitzschlag, Kompass, Nebel, verirrten Mountainbikern auf 3500 Metern Höhe und unfassbar ausgesetzten Bergflanken.

Das machte mir alles wenig Mut, und die letzte Hoffnung nahm mir der Wirt der Südtiroler Zufallhütte, bei dem wir tags darauf nach dem ersten, harmlosen Teil der Etappe einkehrten. Auf seine Frage, wo wir denn hinwollten, antworteten wir wahrgemäß: „Über die Fürkelescharte." Das bärtige Klischee eines Hüttenwirts schwieg darauf einen Tick zu lang und sprach dann den entscheidenden Satz: „Mit Radln hat des fei nix zum tun."

Die ersten paar Hundert Höhenmeter nach dem Erbseneintopf mit Wursteinlage mussten wir tragen. Es war nicht einmal möglich zu schieben. Wir schleppten die Fahrräder über einen steilen Pfad, der durch eine kleine Schlucht führte. Die vielen Wanderer, denen wir begegneten, sahen uns mitleidig an. Wir schnauften und schwitzen. Nach einer kurzen flacheren Zwischenpassage mussten wir die Räder abermals steil bergauf tragen; eine gute Stunde lang.

Die ganze Zeit ging eine schwäbische Großfamilie vor uns. Sie verbrachten die Sommerferien in den Bergen. Sie wanderten. Das Schlusslicht der Gruppe bildete ein bockiger Junge im frühpubertären Alter. Er maulte, er meckerte, er moserte und setzte alles daran, die Bergtour zu sabotieren. Ich ging hinter ihm und hatte auch keine Lust mehr auf die Schinderei, gönnte es dem Buben aber nicht, das auszusprechen. Immerhin musste er kein Fahrrad tragen, nicht mal einen Rucksack hatte er auf dem Rücken. Und für ihn war an der nächsten Hütte endlich Schluss. Thomas und ich hätten uns auch gerne zu den anderen Touristen auf die Terrasse der Marteller Hütte gesetzt, ein Bier getrunken und beim Anblick der Zufallspitzen und des Hochgebirgspanoramas gelegentlich zufrieden in die Nachmittagssonne geseufzt.

Stattdessen schoben und trugen wir die Fahrräder durch die große Rückschmelzhalde des Fürkeleferners. Am Anfang des Weges markierten noch Steinmännchen die Richtung. Später stolperten wir nur mehr nach grobem Gefühl zwischen Steinblöcken und Geröll in Richtung Gletscher. Dabei mussten wir aufpassen, dass das Schaltwerk hinten am Rad auf keinen Fall gegen einen Felsen schlug: Die Tour wäre gelaufen gewesen, wenn sich das Teil verbogen hätte. Stattdessen schlugen uns die Pedale ständig von hinten in die Waden. Das tat weh, machte blaue Flecken und schlechte Laune.

Wir schwiegen uns wütend an, ohne zu wissen, auf wen wir eigentlich sauer sein sollten. Am Ende der Eiszunge des Fürkeleferners rasteten wir und überlegten, wie wir ohne Grödel über das blanke Eis des Gletschers kommen sollten. Nicht weit von uns wartete eine Familie aus Holland. Vater, Mutter und Tochter übernachteten sicher in der Marteller Hütte und hatten einen netten Spaziergang durch das Geröllfeld gemacht. Die junge Tochter spielte im Bach, die Frau saß mit geschlossenen Augen in der Sonne, der Mann beobachtete die zwei Trottel mit den Fahrrädern – also uns.

Thomas und ich einigten uns darauf, eine Geröllzunge den Gletscher hinaufzulaufen. Dazu brauchte man definitiv keine Steigeisen, musste dafür aber über Steine steigen und sich weiter die Pedale in die Waden rammen. Aber überhaupt auf den Gletscher zu kommen war schwierig. Vor dem Eis und vor der Geröllzunge hatte der Fürkeleferner Haufen von lockerem Material aufgetürmt. Sand und Geröll waren von Eis und Schlamm durchsetzt. Daneben flossen kleine Bäche durch Pfützen. Thomas schaffte es beim ersten Versuch. Ich nicht. Immer wieder glitten meine Beine ab oder sanken bis zum Knie im Sand ein. Mein Fahrrad rutschte mir aus der Hand und landete in einer Pfütze. Ich saß Augenblicke darauf direkt daneben mit dem Hintern im Matsch.

Jetzt bemerkte ich, dass mich der Holländer die ganze Zeit beobachtet hatte. Seine Arme waren vor der Brust verschränkt. In seinem Gesicht glaubte ich zu lesen, dass er mich für einen lebensmüden Vollidioten hielt, der sich mit einem Fahrrad auf einem Gletscher das Leben nehmen wollte. Ich lieferte abermals eine unbeholfene Vorstellung im Matsch ab und versuchte, die Geröllzunge auf dem Gletscher zu erreichen. Der Holländer schüttelte provozierend langsam den Kopf. Endlich gelang es mir, das Rad nach oben zu zerren, und ich verschwand hinter einem Felsblock aus dem Sichtfeld des Holländers.

Thomas saß auf einem Felsblock und wirkte apathisch. Wir griffen unsere Fahrräder und trugen sie weiter über Geröll, nur dass die Steine jetzt auf Eis lagen. Im oberen Bereich flachte der Gletscher ab, endlich konnten wir die Räder schieben. Wir marschierten auf aufgeweichtem Altschnee bis kurz unter die Fürkelescharte. Dort standen wir mit nassen Füßen unter einer Mauer aus rotem Geröll und losen Felsen. Ein Weg war nicht erkennbar. Etwa fünfzig Höhenmeter über uns ragte nur ein Schild empor, an dem wir uns orientieren konnten. Die letzten Meter waren extrem anstrengend. Es war steil, das Fahrrad nervte, und das Material unter unseren Füßen rutschte ständig weg. Wir nutzten die Mountainbikes schließlich als Aufstiegshilfe. Wir rammten die Räder quer in die Schrofen, hielten uns daran fest, krabbelten ein, zwei Meter empor und wuchteten die Mountainbikes wieder ein Stückchen weiter in die Höhe.

Auf der Fürkelescharte raste unser Puls. Doch wir hatten es geschafft: der zweite Pass über 3000 Meter an einem Tag, ein grandioser Blick über den Gletscher, auf die Zufallspitzen, den Ortler und den Cevedale. Vor uns eine Abfahrt hinab ins Val di Sole – ein Augenblick des Triumphes? Nein. Als wir auf der anderen Seite der Scharte hinabblickten, fühlte es sich an, als beobachte uns wieder ein Holländer, der fassungslos den Kopf schüttelt. Dort führte ein sehr ausgesetzter und steiler Pfad hinab. Nicht einmal an Schieben war zu denken. Uns stand das Schlimmste bevor, was einem Mountainbiker passieren kann: nach einem zehrenden Kampf nach oben auch den Weg nach unten tragen zu müssen. Thomas seufzte. „Mit Radln hat des fei nix zum tun“, sagte er und schaute traurig.

Übel am Berg

Zehn bis dreißig Prozent aller Menschen leiden bereits in Höhenlagen zwischen 2000 und 3000 Metern an leichten Symptomen der Höhenkrankheit, wenn sie rasch in diese Bergregionen aufgestiegen sind. Dazu zählen unter anderem Kopfschmerzen, Übelkeit, Mattigkeit, Lust- und Appetitlosigkeit oder Schlafstörungen. Von den Menschen, die schnell bis auf eine Höhe von mehr als 4000 Metern aufsteigen, spüren dreißig bis sechzig Prozent Symptome der Höhenkrankheit. In Regionen über 6000 Metern trifft es so gut wie jeden.

Höchstes Vereinswesen

1857 wurde der erste Alpenverein der Welt gegründet, der Alpine Club in London. Seine Vereinszeitschrift, die seit 1859 herausgegeben wird, heißt *Peaks, Passes, Glaciers*. Wer Mitglied werden wollte, musste unter anderem belegen, dass er bereits einmal auf eine Höhe von mehr als 13 000 Fuß (3900 Metern) gestiegen war.

Der Berg und der Mond

Der Ararat liegt zwar in der Türkei, jedoch gilt der 5137 Meter hohe Vulkan ganz im Osten des Landes auch als Nationalsymbol der Armenier. Der Berg bildet das

Zentrum des Wappens Armeniens. Auch als das Land im Kaukasus noch Teil der Sowjetunion war, zierte der Ararat das Wappen der sowjetischen Teilrepublik: Hammer und Sichel vor einem roten Stern thronten darauf über dem verschneiten Vulkankegel. Die Regierung der Türkei legte deswegen offiziellen Protest in Moskau ein. Den Ararat im Wappen zu führen sei unzulässig, argumentierten die Türken, weil sich der Berg auf türkischem Territorium befinde. Offenbar fürchtete man armenische Ansprüche auf das Gebiet. Der damalige sowjetische Außenminister Andrei Andrejewitsch Gromyko wies den Einwand der Türkei mit dem Hinweis darauf zurück, dass das Land seinerseits eine Mondsichel in der Staatsflagge führe und der Mond ebenfalls nicht zu türkischem Territorium gehöre.

Heilige Berge

Was wollten Menschen vor der Erfindung des Alpinismus in den Bergen? In der Stein- und Bronzezeit zogen sich die Menschen für kultische Handlungen in unzugängliche Gegenden im Gebirge zurück. Davon zeugen Felsmalereien im Val Camonica in Italien oder am Monte Bégo in Frankreich. Die Gipfel galten als Sitz der Götter, als Wohnort von Dämonen und anderen Fabelwesen – und zwar quer durch alle Kulturen. Das Göttliche zeigt sich noch heute in den Alpen, indem auf fast jedem Gipfel ein Kreuz errichtet wurde. Diese christlichen Symbole gaben den Bergen ihre durch die Besteigung entrissene Aura zurück. Eine kleine Auswahl heiliger Berge aus aller Welt:

Shivling, 6543 Meter, Indien Der Name des Berges leitet sich von der hinduistischen Gottheit Shiva her. Der Shivling wird als Symbol der Schöpfungskraft Shivas verehrt. Der Berg gleicht einem Lingam. Dieses phallische Zeichen ist das Symbol Shivas. Unterhalb des Shivling entspringt auf etwa 4000 Metern Höhe der heilige Fluss Bhagirathi. Das Gletschertor, aus dem der Fluss entspringt, gilt als Quelle des Ganges und ist das Ziel einer häufig begangenen Pilgerreise.

Olymp, 2918 Meter, Griechenland Das höchste Gebirge Griechenlands an der Ostküste des Landes galt in der Antike als Sitz und Wohnort der Götter. Der Olymp war der göttliche Palast, in dem die zwölf olympischen Götter Zeus, Poseidon, Hera, Demeter, Apollo, Artemis, Athene, Ares, Aphrodite, Hermes, Hephaistos und Hestia dem göttlichen Verwaltungswesen nachgingen.

Parnass, 2455 Meter, Griechenland Der Gipfel des Parnass in Zentralgriechenland war dem Apollo geweiht. Der Gott unterhielt hier sozusagen seine Privatwohnung abseits des Olymps.

Helikon, 1748 Meter, Griechenland Das Gebirge nördlich des Golfs von Korinth galt einst als Sitz der neun Musen, der griechischen Schutzgöttinnen der schönen Künste. Später kam Apollo und versetzte die Musen nach Delphi.

Djebel Toubkal, 4165 Meter, Marokko Auf dem Djebel Toubkal, 63 Kilometer südlich der Stadt Marrakesch im

Atlasgebirge gelegen, lässt sich mit Blick auf die Sahara im Winter sogar Ski fahren. Der Berg ist für seine Höhe recht einfach zu besteigen und galt im Altertum als Göttersitz.

Fuji, 3776 Meter, Japan Der Schichtvulkan, der am 16. Dezember 1707 zum letzten Mal ausgebrochen ist, gilt im japanischen Shintoismus als heiliger Berg. Zum ersten Mal bestiegen wurde er angeblich von dem Mönch Enno Chokaku im Jahr 663. Heute laufen in den Sommermonaten täglich bis zu 3000 Touristen auf den Berg. Bis ins 19. Jahrhundert war Frauen der Aufstieg auf den Fuji verboten.

Ayers Rock, 863 Meter, Australien Der Ayers Rock gilt bei den Anangu – australischen Aborigines – als heilig. In den Achtzigerjahren wurde der Name des Berges wieder offiziell in Uluru umgeändert, so hieß der Berg bei den lokalen Einwohnern, bevor seine europäischen Entdecker ihn 1873 zu Ehren des südaustralischen Premierministers Henry Ayers umbenannten. Für Touristen ist es an verschiedenen heiligen Orten am Fuß des Berges bei hoher Geldstrafe verboten, Fotos zu machen.

Mount Kenya, 5199 Meter, Kenia Das zweithöchste Bergmassiv Afrikas gilt dem Volk der Kikuyu als heilig. Der Gipfel war laut ihrer Mythologie der bevorzugte Wohnsitz des Ngai – des Schöpfers der Welt und aller Menschen. Wenn Ngai nicht auf dem Mount Kenya weilte, dann war er gerade in seinem Zweitwohnsitz im Himmel. Er offenbarte sich den Menschen in Naturereignissen sowie in Feigenbäumen.

San Francisco Peaks, 3850 Meter, USA Die Berge befinden sich nicht in der Nähe von San Francisco, sondern im US-Bundesstaat Arizona. Im Jahr 1629 gaben spanische Franziskanermönchen zu Ehren ihres Ordensstifters Franz von Assisi den Gipfeln ihre heutigen Namen. Diese Handlung kann als Teil der Missionierung der örtlichen Ureinwohner gelten, denn die Vulkane galten bei den Navajo und Hopi als heilig.

Gunung Agung, 3142 Meter, Indonesien Der Schichtvulkan ist die höchste Erhebung der Insel Bali. Er gilt den Balinesen als Nabel der Welt und Wohnung des Hindugottes Shiva. Schon vor Einführung des Hinduismus auf der Insel wurden Ahnengötter auf dem Gunung Agung verehrt.

Ol Doinyo Lengai, 2960 Meter, Tansania Der aktive Vulkan, dessen Name so viel wie Gottesberg bedeutet, gilt den Massai als heilig. Er ist Sitz des Gottes Engai. Wenn Engai zornig ist, bricht sein Berg aus. Der Ol Doinyo Lengai ist der einzige Vulkan der Erde, der sogenannte Karbonatitlava auswirft. Diese ist fast so flüssig wie Wasser.

Kilimandscharo, 5895 Meter, Tansania Das höchste Gebirgsmassiv Afrikas wird von den Jagga verehrt. Auf Swahili bedeutet Kilimandscharo so viel wie »Berg des bösen Geistes«. Die Jagga betrachten den Berg als Quelle des Lebens.

Meru, 1344 000 000 Meter, Asien Der sagenhafte Berg Meru gilt im Hinduismus und im Buddhismus als Zentrum des Universums. Auf ihm leben die Götter, um ihn kreisen Sonne, Mond, Planeten und Sterne. Laut alten thailändischen Texten ist der Berg Meru 84 000 Yojana hoch. Eine Einheit dieses alten Längenmaßes entspricht sechzehn Kilometern. Vielen gilt der Kailash in Tibet als tatsächlicher Berg Meru.

Belucha, 4506 Meter, Russland/Kasachstan Der höchste Berg Sibiriens liegt im Altaigebirge an der Grenze zwischen Russland und Kasachstan. Angehörige mongolischer und mandschurischer Völker verehren den Doppelgipfel des Berges als Säule des Himmels.

Mont Ventoux, 1912 Meter, Frankreich Der Berg im Süden Frankreichs wurde einst von den Kelten als heilig verehrt. Heute pilgern dort Radsportbegeisterte hin, entweder, um den Tross der Tour de France zu beobachten, oder um selbst auf den Berg zu radeln.

Adam's Peak, 2243 Meter, Sri Lanka Auf dem Gipfel steht ein Kloster, in dem sich eine 1,8 Meter lange Hohlform im Fels des Berges befindet. Sie nennt sich Sri Pada und wird von Buddhisten als Fußabdruck des Buddha verehrt. Hinduisten sehen darin jedoch den Fußabdruck von Shiva Adipadham, während Muslime meinen, Adam habe hier einst seine Spur hinterlassen. Von Christen wird der vermeintliche Fußabdruck ebenfalls verehrt, und zwar als der des Apostels Thomas.

Kunlun, 7723 Meter, China Der knapp 3000 Kilometer lange Gebirgszug am Nordrand Tibets galt im Daoismus lange als Paradies. Der höchste Gipfel erreicht eine Höhe von 7723 Metern. Der Kunlun gilt auch als Wohnsitz der Großen Feengöttin, die zugleich Toten- und Lebensgöttin ist. Wer die entsprechenden Berge besteigt, dem winkt denn auch konsequenterweise die Unsterblichkeit.

Kailash, 6714 Meter, China (Tibet) Zu diesem Berg pilgern Angehörige vier verschiedener Religionen – Buddhisten, Hindus, Jains und Bönpos. Die Route der Pilger führt sie auf 54 Kilometern um den Berg, dabei werden 1200 Höhenmeter überwunden. Manche Pilger kugeln oder kriechen den Weg auf allen vieren. Die Besteigung des Kailash ist ausschließlich Menschen vorbehalten, die frei jeglicher Sünde sind. Der Berg ist bislang unbestiegen.

Machapucharé, 6997 Meter, Nepal Der Berg, der auf Deutsch Fischschwanz heißt, gilt als Sitz des Buddhas des grenzenlosen Lichts. Angeblich ist er trotz seiner einladenden Form noch unbestiegen. Die Briten David Cox und Wilfrid Noyce näherten sich 1957 bei einer Expedition dem Gipfel bis auf fünfzig Meter – und kehrten dann angeblich aus Respekt vor religiösen Überzeugungen um. Allerdings waren die letzten fünfzig Meter technisch auch extrem schwierig. 1964 verhängte der nepalesische König ein Besteigungsverbot für den Machapucharé. Der Neuseeländer Bill Denz behauptete in den Achtzigerjahren, ihm sei eine ungenehmigte Besteigung gelungen. Denz verunglückte 1983 am Makalu, seine Behauptung ist nicht mehr überprüfbar.

Mount Graham, 3267 Meter, USA Der Berg im Südosten Arizonas hat für die Apachen eine ähnliche Bedeutung wie der Berg Sinai für das Christentum. Auf dem Mount Graham empfingen die Apachen einst die 32 Gesänge des Lebens von ihrem Schöpfergott. Um den Berg gibt es seit Jahren heftige Auseinandersetzungen. Seit 2004 wird auf seinem Gipfel unter Beteiligung von Forschungseinrichtungen aus aller Welt ein riesiges Observatorium gebaut, das Large Binocular Telescope. Der Bau künstlicher Strukturen auf ihrem heiligen Berg wird von den Apachen abgelehnt.

Salbuz-dag, rund 4000 Meter, Russland (Dagestan) Der etwa 4000 Meter hohe Berg im Kaukasus gilt vielen als Ruhestätte des biblischen Königs Salomon. Besonders Muslime pilgern deshalb auf den Berg.

Burhan Haldun, 2362 Meter, Mongolei Auf diesem Gipfel im Chentiigebirge, nordöstlich der mongolischen Hauptstadt Ulan-Bator, wurde der Knabe Temüjin zum Mann. So berichtet es die Legende in der »Geheimen Geschichte der Mongolen«. Die Familie des Jungen lagerte vor weit mehr als 800 Jahren im Tal am Fuße des Berges. Als die feindlich gesonnenen Merkit auf Pferden heranpreschten, ergriff Temüjin die Flucht und überlebte auf dem Gipfel des Burhan Haldun. Heute opfern die wenigen Pilger, die an diesen entlegenen Ort kommen, Pferdehaare und Reis auf einer Art Altar. Sie verehren den großen Eroberer Dschingis Khan. So hieß der Mann, der einst der Knabe Temüjin gewesen war.

Die Gefahren der Alpen

Emil Zsigmondy galt als einer der herausragenden Bergsteiger seiner Zeit. Er war einer jener Alpinisten, die im letzten Drittel des 19. Jahrhunderts den sportlichen Aspekt des Bergsteigens betonten und bewusst nach anspruchsvollen Routen suchten. Nicht mehr die Höhe der bestiegenen Gipfel war nun das wichtigste Kriterium, sondern die Schwierigkeit des Weges. Die größte Leistung Emil Zsigmondys war die erste Längsüberschreitung des Gipfelgrates der 3983 Meter hohen Meije am 27. Juli 1885. Im selben Jahr starb er bei einer weiteren Klettertour am selben Berg im französischen Oisans-Massiv. Kurz nach seinem Tod erschien Emil Zsigmondys Buch »Die Gefahren der Alpen«.

Deutschlands höchste Berge

- Baden-Württemberg, Feldberg, Schwarzwald, 1493 Meter
- Bayern, Zugspitze, Nördliche Kalkalpen, 2962 Meter
- Berlin, Großer Müggelberg, Müggelberge, 115 Meter
- Brandenburg, Heidehöhe, Heidehöhe, 201 Meter
- Bremen, Erhebung am Friedehorstpark, 33 Meter
- Hamburg, Hasselbrack, Harburger Berge, 116 Meter
- Hessen, Wasserkuppe, Rhön, 950 Meter
- Mecklenburg-Vorpommern, Helpter Berge, Helpter Berge, 179 Meter

- Niedersachsen, Wurmberg, Harz, 971 Meter
- Nordrhein-Westfalen, Langenberg, Rothaargebirge, 843 Meter
- Rheinland-Pfalz, Erbeskopf, Hunsrück, 816 Meter
- Saarland, Dollberg, Dollberge, 695 Meter
- Sachsen, Fichtelberg, Erzgebirge, 1215 Meter
- Sachsen-Anhalt, Brocken, Harz, 1141 Meter
- Schleswig-Holstein, Bungsberg, Holsteinische Schweiz, 168 Meter
- Thüringen, Großer Beerberg, Thüringer Wald, 983 Meter

Schrecken

Wer sagt, der Ruf der Berge sei stets lockend gewesen? Das Hochgebirge war lange Jahrtausende eine Zone, nach der sich kein Mensch in Sehnsucht verzehrte. Ackerbau und Viehzucht waren dort weitgehend unmöglich. Das Gelände forderte seine Bewohner durch extremes Klima, Lawinen und Steinschlag. Auch bei Johann Wolfgang von Goethe löste das Gebirge mehr Schauder als Begeisterung aus. Ende des 18. Jahrhunderts beging der Dichter mehrmals den Furkapass, der auf 2436 Metern Höhe die Schweizer Kantone Uri und Wallis verbindet. So recht angetan klang der Dichter in seinen Berichten nicht. So beschrieb er die Gegend als »die ödeste Gegend der Welt« und als »ungeheure einförmige schneebedeckte Gebirgswüste«. Nur wer alle Sinne und den Verstand im Griff habe, der vergehe in dieser Gebirgslandschaft nicht vor Angst und Furcht. Schwärmerei klingt anders.

Krieg der Steine

Das Dahar ist ein Kalksteingebirge im Südosten Tunesiens. Zwar reicht nur ein Gipfel höher als 700 Meter (Djebel Zemertène, 713 Meter), doch sind die Berge des Dahar mit sehr schroffen, steilen Wänden und engen Schluchten teils sehr imposant. In dieser Kulisse drehte George Lucas 1977 Szenen für den ersten Teil von »Krieg der Sterne«.

Die hohe Wissenschaft

Wissenschaftliche Versuche, die der Naturforscher Horace-Bénédict de Saussure im Jahre 1787 auf dem Gipfel des Montblanc machte:

Bestimmung des Siedepunktes von Wasser in großer Höhe * Farbvergleich des Himmels mit sechzehn unterschiedlich eingefärbten Papierstreifen * Saussure vermischt Kalkwasser mit der gleichen Menge destillierten Wassers * Versuche mit ätzendem Laugensalz * Bestimmung von Geruch und Geschmack verschiedener Lebensmittel * Bestimmung des Pulses seiner Begleiter * Abfeuern einer Pistole * Messungen mit Barometer, Thermometer, Hygrometer, Elektrometer und Kompass

Eine Hütte müsste man haben

Dieser Satz fällt immer zwischen Weihnachten und Neujahr. „Eine Hütte wäre schön." Es handelt sich um eine resignierte Antwort auf die Frage, was man denn dieses Jahr an Silvester so vorhabe. Meistens hat man keine Ahnung, was man Silvester vorhat, fühlt sich aber unter Druck, etwas Außergewöhnliches zu machen. Dann kommt der Spruch mit der Hütte, und natürlich ist es kurz vor Silvester unmöglich, noch eine zünftige Zirbelstube in den Alpen zu mieten.

Ich habe einmal am 2. Januar eine Berghütte für das nächste Silvester gebucht. Fünf Tage vor dem Jahreswechsel habe ich mir das Kreuzband im rechten Knie gerissen und musste zu Hause bleiben. Aber das ist eine andere Geschichte.

In jenem Jahr, von dem nun die Rede sein soll, hatten wir uns vorgenommen, die Sache durchzuziehen und Silvester einfach in einem Winterraum in einer Alpenhütte zu feiern. Max und Philipp, zwei sehr bergaffine Freunde meines Kumpels Stefan, organisierten die ganze Sache. Das Ziel war, glaube ich, die Plumsjochhütte im Karwendel. Als wir uns in Hinterriß im Rißtal trafen, dämmerte es bereits. Die meisten in unserer etwa zehnköpfigen Gruppe hatten am Tag zuvor den Geburtstag von Philipp gefeiert. Es war spät geworden. Sehr spät.

Wir standen vor dem Gasthof zur Post, froren und warteten, bis alle angekommen waren. Max und Philipp trafen schließlich mit schlechten Nachrichten ein: Die Straße weiter ins Tal war gesperrt und die Plumsjochhütte deshalb nicht erreichbar. Die inoffiziellen Bergführer der Gruppe steckten die Köpfe zusammen, falteten Alpenvereinskarten auseinander und begannen zu diskutieren. Man wolle es mit der Falkenhütte versuchen, gaben sie schließlich bekannt.

Als wir aufbrachen, war es bereits dunkel. Die meisten von uns hatten Taschenlampen dabei. Unsere war neu, genauso wie die Bergschuhe meiner damaligen Freundin Anke. Sie stammte aus Erkrath nahe Mettmann nahe Düsseldorf und war noch nie zuvor auf einer echten Bergtour gewesen. Der Himmel war sternenklar, der Schnee glitzerte im Mondlicht, die Stimmung in unserer Gruppe war prächtig. Ich kannte das Karwendel damals kaum, und es hieß, man werde wohl höchstens zwei Stunden laufen.

Wir stapften durch den Schnee. Der Weg war anstrengend. Wir hatten uns ganz am Anfang leicht verstiegen und einen etwas beschwerlichen Weg ins Johannistal gewählt. Nach fast zwei Stunden latschten wir immer noch über den verschneiten Forstweg, immer in der Hoffnung, dass der Kleine Ahornboden jeden Moment auftauchen würde. Meine Laune war nicht mehr ganz so gut, die Laune meiner Freundin Anke sank dramatisch. Das machte mir Angst, denn wir stritten uns sehr oft. Ich klammerte mich an meiner Beobachtung fest, dass einige der anderen Frauen in der Gruppe ebenfalls so aussahen, als nähmen sie ihren Männern die winterliche Wanderung, die arg lang geriet, bereits übel. Und ich war schließlich nur Mitläufer und kein Entscheidungsträger.

Am Kleinen Ahornboden suchten Max und Philipp die tief verschneite Nachtlandschaft nach einem Wegweiser zur Falkenhütte ab. Wir anderen standen in der Gruppe und schwiegen. Doch der Kleine Ahornboden wies keinen Weg außer jenen zum Karwendelhaus. Wieder diskutierten unsere Anführer. Man entschied sich, die Umstände zu akzeptieren und den Aufstieg zum Karwendelhaus zu wagen.

Der Weg wurde nun schmaler. Bäume dunkelten die Szenerie ab, ohne Taschenlampe wurde es schwer, sich zu orientieren. Mit jedem Schritt brachen wir in die Schneedecke ein. Es war sehr mühsam, und mit der Zeit zog sich unsere Gruppe immer mehr auseinander. Vorneweg gingen die Trainierten, am Ende schleppten sich die Lahmen den Berg hinauf. Ich war bei den Lahmen, und irgendwann waren Anke, die Taschenlampe und ich allein.

Sie konnte nicht mehr. „Es ist bestimmt nicht mehr weit", sagte ich. „Ich kann aber nicht mehr", sagte sie in einem Ton, den ich sehr fürchtete. „Es kann wirklich nicht mehr weit sein", sagte ich.

Die Situation eskalierte langsam. Anke schien tatsächlich am Ende ihrer Kräfte. Wir liefen mittlerweile seit fünf Stunden durch tiefen Schnee. Und ich hatte keine Ahnung, wie weit es wirklich noch sein würde. Nach jeder Kehre, nach jeder Kante und jeder Bodenwelle betete ich, dass dieses verdammte Karwendelhaus endlich auftauchen würde. Es tauchte nicht auf. Ich diskutierte, ich flehte und bettelte Anke Schritt für Schritt den Berg hinauf. Umzukehren war keine Alternative, immerhin in diesem Punkt waren wir uns einig. Die Schuldfrage blieb hingegen offen.

Dann trafen wir Bernhard aus unserer Winterwandergruppe. Er saß auf einem Felsen und rauchte eine selbst gedrehte Zigarette. Anke und ich waren die Letzten aus unserer Truppe. Auf uns gewartet hatte er aber nicht. Bernhard war auch mit seinen Kräften am Ende, hätte das aber niemals zugegeben. Er saß, rauchte und sprach kein Wort mehr als nötig. Als wir neben ihm standen, fiel unsere Taschenlampe aus. Sie wollte nicht mehr, und das ziemlich plötzlich. Mit einem Mal wäre ich Bernhard gerne um den Hals gefallen. Ohne seine Taschenlampe wäre dieses

Silvester im Karwendel zu einem dauerhaften Trauma geworden. Zum anderen war er nun gezwungen, bei Anke und mir zu bleiben. Er konnte uns unmöglich im Dunklen alleinlassen.

Bernhard verbreitete die Aura eines Bergprofis. Das entspannte mich. Ich konnte mein Verantwortungsgefühl abschalten und ließ nun unseren Begleiter sagen, dass es nicht mehr weit sein könne.

Das Karwendelhaus erreichten wir gegen 23 Uhr. In Hinterriß waren wir etwa um 16 Uhr 30 aufgebrochen. Ich machte mich auf einen heftigen Streit mit meiner damaligen Freundin gefasst; sobald wir uns ein bisschen aufgewärmt hätten, würde es losgehen, davon war ich überzeugt. Zum Glück waren die meisten anderen in der Gruppe genauso fertig wie wir, das milderte ihre Empörung ab. Als Glück empfand ich auch den Umstand, dass sich stattdessen ein Streit mit einer anderen Gruppe entspann, die bereits im Winterraum des Karwendelhauses saß und feierte. Ich glaube, es ging darum, dass nicht genug Platz für alle da war. Es gerieten sich auch nur die jeweiligen Rädelsführer der zwei Gruppen in die Haare. Alle anderen verstanden sich wunderbar. Wir waren eh viel zu müde, um jetzt noch zu streiten. So schön ist es, wenn man Silvester in einer Hütte feiert.

Teenager

Fourteener nennen Bergsteiger in den USA alle Berge des Landes, deren Gipfel höher als 14 000 Fuß sind. Das entspricht etwa 4267,2 Metern. Insgesamt gibt es in den USA 88 Fourteener, die meisten davon – 54, um genau zu sein – befinden sich im Bundesstaat Colorado. Die zehn höchsten dieser Berge liegen in Alaska. Für viele Bergsteiger in den USA ist es ein Ziel, alle Fourteener des Landes oder wenigstens alle Gipfel über 14 000 Fuß in einem US-Bundesstaat einmal zu besteigen. Diese Menschen nennen sich »Peak Bagger«. Das lässt sich grob mit Gipfelsammler oder Gipfeleinsacker übersetzen.

Alles braucht einen Namen

Das Sportklettern auf Gebäude wird als Buildering bezeichnet. Bestimmt klettern Menschen schon sehr lange aus verschiedenen Gründen auf Gebäude, ohne darum großes Aufhebens zu veranstalten – vielleicht, weil sie einfach ihren Schlüssel vergessen haben. Aber seit Sportkletterer wie der Franzose Alain Robert mit großem Bohei weltweit auf Wolkenkratzer steigen und sich dabei als Outlaw und Spiderman inszenieren, ist diese Spielart des Kletterns so populär geworden, dass sie einen eigenen Namen braucht: Buildering eben. Die erste Weltmeisterschaft im urbanen Klettern wurde dann 2006 in Köln ausgetragen. Mittlerweile veröffentlichen Verlage bereits Buildering-Führer, in denen Kletterrouten auf Häusern beschrieben werden.

Von Pontius nach Pilatus

Der Pilatus nahe Luzern in der Schweiz ist ein bis zu 2128 Meter hohes Bergmassiv. Einst nannte man die Berge Mons Fractus oder Gebrochener Berg, doch irgendwann setzte sich vor Jahrhunderten der Name Pilatus durch. Laut einer Sage trägt das Massiv diesen Namen, weil die Menschen früher glaubten, dass der Geist des römischen Statthalters in Judäa, Pontius Pilatus, in einem See nahe des Gipfels hause. Der Mann, der gemäß der Passionsgeschichte der Bibel Jesus von Nazareth zum Tod am Kreuz verurteilt hatte, starb laut einem verbreiteten Glauben von eigener Hand. Einst war es üblich, die Leichen von Selbstmördern in Flüssen zu versenken. Doch jeder Strom, in dem Pontius Pilatus Körper geworfen wurde, rächte sich laut der Legende durch entsetzliche Überschwemmungen. So habe man schließlich nach einem Flecken Erde gesucht, der so weit wie möglich entlegen war, und die Leiche in den Bergsee bei Luzern geworfen. Seither trug der Berg laut dieser Volkserzählung den Namen Pilatus, und niemand durfte es wagen, die letzte Ruhe des römischen Präfekten zu stören. Sein Geist würde sich andernfalls mit schrecklichen Gewittern an den Luzernern rächen. Im Jahre 1387 sperrte die Obrigkeit deshalb sechs Geistliche ins Gefängnis, weil sie den Pilatus bestiegen hatten. Bis 1589 mussten die Sennen in der Gegend zu Beginn des Alpsommers schwören, sich nahe des Sees wohlzuverhalten. Heute werten Historiker die Pilatus-Sage als Ausdruck der bedrohlichen Vorstellungen, die die Menschen lange Zeit mit dem Hochgebirge verbanden. Die Menschen sahen keinen Sinn darin, dass es derart lebensfeindliche Stein- und Eiswüsten gab. Erfahrungen von Symptomen der Höhenkrankheit verstärkten die Abneigung der Menschen gegen die Berge: Im Reich der Gipfel hausten in den Vorstellungen der Bergbewohner Drachen, Gnome, Geister und andere üble Wesen.

Immer auf die Kleinen

Im Sportklettern existiert der Begriff »Zwergentod«. Damit werden Stellen in einer Route bezeichnet, die unter einer gewissen Körpergröße nicht überwindbar sind, weil der nächste Griff außerhalb der Reichweite liegt.

Berge und ihre Namen 6: Aus dem Leben

- Abschwunghorn, Kanton Bern, Schweiz, 3134 Meter
- Babylone, Wallis, Schweiz, 2857 Meter

- Großer Knallstein, Schladminger Tauern, Österreich, 2599 Meter
- Hochschwung, Rottenmanner Tauern, Österreich, 2196 Meter
- Hohes Brett, Berchtesgadener Alpen, Deutschland, 2340 Meter
- Hohe Schule, Rhön, Deutschland, 538 Meter
- Kalte Herberge, Taunus, Deutschland, 619 Meter
- Misthaufen, Lechquellengebirge, Österreich, 2436 Meter
- Pulverturm, Schladminger Tauern, Österreich, 2463 Meter
- Ratloser Stein, Graubünden, Schweiz, 2474 Meter
- Sackpfeife, Rothaargebirge, Deutschland, 674 Meter
- Schrotthorn, Sarntaler Alpen, Italien, 2590 Meter
- Schalke, Harz, Deutschland, 762 Meter
- Torwart, Schladminger Tauern, Österreich, 2410 Meter
- Tuba, Kanton Bern, Schweiz, 2076 Meter
- Umlauter, Schladminger Tauern, Österreich, 2664 Meter

Zwei Göttinnen

Willi Unsoeld (1926–1979) war einer der bekanntesten amerikanischen Bergsteiger. Er zählte 1960 zu den Erstbesteigern des Masherbrum (7821 Meter) in Pakistan und nahm 1963 an der ersten US-Expedition teil, die den Gipfel des Mount Everest erreichte. Besonders fasziniert war Unsoeld von der Nanda Devi (7816 Meter) in Indien. Der Bergsteiger taufte seine erste Tochter auf diesen Namen, der übersetzt so viel wie »Göttin der Freude« bedeutet. An diesem Gipfel erlebte Unsoeld 1976 die größte Tragödie seines Lebens. Gemeinsam mit seiner Tochter und weiteren Bergsteigern versuchte er den Gipfel auf einer extrem schweren Route zu erreichen. Die Expedition scheiterte. Unsoelds Tochter Nanda Devi kam dabei an dem Berg ums Leben, dessen Namen sie trug. Drei Jahre später starb Willi Unsoeld in einer Lawine am Mount Rainier (4395 Meter) im US-Bundesstaat Washington. Diesen Berg hatte er zuvor bereits mehr als 200 Mal bestiegen.

Ein Berg Butter

In der Europäischen Union wurde lange Zeit mehr Butter hergestellt, als tatsächlich verbraucht wurde. Diese Überproduktion bezeichnete man plakativ als Butterberg. Sie war das Ergebnis einer Subventionspolitik, die Bauern den Verkauf vieler Produkte zu staatlich garantierten Preisen gewährte. Abseits der plakativen Metaphorik gibt es in Deutschland tatsächliche Butterberge. Mindestens neun Hügel beziehungsweise Berge tragen diesen Namen:

- Butterberg, Landkreis Goslar, Niedersachsen
- Butterberg, Landkreis Nordhausen, Thüringen
- Butterberg, Landkreis Harz, Sachsen-Anhalt

- Butterberg, Kreis Pinneberg, Schleswig-Holstein
- Butterberg, Landkreis Börde, Sachsen Anhalt
- Butterberg, Landkreis Prignitz, Brandenburg
- Butterberg, Landkreis Nordwestmecklenburg, Mecklenburg-Vorpommern
- Butterberg, Landkreis Bautzen, Sachsen
- Butterberg, Landkreis Görlitz, Sachsen

Rock am Berg

Die Bergsteigerin Félicité Carrel musste im Jahr 1867 ihren Versuch, als erste Frau das Matterhorn zu bezwingen, aufgeben. Sie stieg über den italienischen Grat, an dem später eine Stelle nach ihr als Col Félicité benannt wurde. Sie musste jedoch wegen des starken Windes schließlich umkehren. Dieser bauschte ihre Röcke so sehr, dass sie in der Gefahr schwebte, vom Wind wie an einem Fallschirm davongetragen zu werden. Lucy Walker, die 1871 dann als erste Frau das Matterhorn bestieg, löste dieses Problem auf ganz pragmatische Weise. Auch sie unterwarf sich den damaligen Konventionen und startete die Tour in einem Rock. Sobald sie aber außer Sichtweite gestiegen war, entledigte sie sich des hinderlichen Kleidungsstückes, deponierte den Rock hinter einem Felsen und kletterte in Flanellhosen weiter. Die amerikanische Bergsteigerin Marguerite »Meta« Brevoort (1825–1876), die ebenfalls als Erste das Matterhorn besteigen wollte, gilt als erste Alpinistin, die ihre Touren ausschließlich in Hosen ging.

Die Liebe zu den Bergen

Das Standesamt Garmisch-Partenkirchen bietet Trauungen auf der Zugspitze an. Der Weg in den Hafen der Ehe führt zunächst mit der Zahnradbahn oder mit der Eibsee-Seilbahn auf den mit 2962 Metern höchsten Berg Deutschlands. Die Standesbeamten legen aber Wert darauf, dass das Brautpaar die Zugspitze natürlich auch zu Fuß erklimmen kann (nur für Geübte!). Die Eheschließung findet schließlich auf dem Zugspitzplatt in der Sonn-Alpin-Hütte statt. Dort unterhält das Standesamt Garmisch-Partenkirchen einen Trauraum. Die Trauungen auf Deutschlands höchstem Berg werden einmal im Monat angeboten. Neben den in Bayern sonst üblichen Gebühren fällt für eine Hochzeit in der Höhe ein Alpin-Zuschlag von 150 Euro an. Termine und Informationen über die benötigten Unterlagen für eine Eheschließung auf der Zugspitze veröffentlicht das Standesamt Garmisch-Partenkirchen im Internet. Sie dürfen die Bergsteigerin nun küssen!

007 im Karakorum

Ein Hüttenbuch erfüllt wichtige Funktionen. Wandernde Bildungsbürger können es als alpines Poesiealbum nutzen und darin erbauliche Sprüchlein notieren. Der Hüttenwirt wiederum kann darin die Auslastung seiner Zimmer nachvollziehen und effizienter wirtschaften. Für die einzelnen Wanderer kann ein Hüttenbuch im Falle eines Unfalls wirklich hilfreich sein. In Hütten des Deutschen Alpenvereins werden Gäste standardmäßig gebeten, ihr nächstes Ziel und einige Details zu ihrer Tour anzugeben. Wenn ein Wanderer in den Alpen verschwindet, liefern Hüttenbücher mitunter ein wertvolles Indiz dafür, in welchem Gebiet nach dem Verschollenen zu suchen ist. In anderen Gegenden der Welt wird nach ähnlichen Prinzipien verfahren. Das wusste ich nicht immer. So war es mir unbekannt, als wir 1994 mit dem Bus in den Norden Pakistans fuhren, um dort im Karakorum zu wandern.

Die Busfahrt aus Rawalpindi, dem alten Teil der Hauptstadt Islamabad, bis nach Gilgit nahe des Nanga Parbat dauerte etwa dreißig Stunden. Der Bus war ziemlich eng. Thomas, Stefan und ich hatten die Plätze direkt über den Radhäusern, das hieß, vor unserer Bank gab es keinen Fußraum, sondern große runde Wölbungen, unter denen sich die Räder des Busses befanden.

Der Bus stand in einem schmutzigen Hof hinter einem Hotel. Wir saßen darin und warteten darauf abzufahren. Der Busfahrer und der Ticketverkäufer stritten sich schon eine ganze Weile mit drei Männern, die aufgebracht gestikulierten. Der Konflikt eskalierte und artete in einer Schlägerei aus. Dann gelang es dem Busfahrer, die Tür zu schließen und loszufahren. Die drei Männer hämmerten von außen an die Scheiben, als der Bus an ihnen vorbeifuhr. Ein Fahrgast in der Reihe vor uns drehte sich um und erklärte uns freundlich, dass der Bus eigentlich ausgebucht gewesen war und die Betreiber drei Tickets doppelt verkauft hatten. Und zwar an uns drei Touristen, weil man von denen ja immer das Doppelte verlangen könne. Die anderen Ticketinhaber, die auch schon bezahlt hatten, seien da natürlich sauer geworden. Der Mann grinste, wir schauten dumm und hatten ein schlechtes Gewissen.

Die Fahrt war anstrengend. Im Bus war es eng und heiß. Der Fahrer hörte indische Popmusik. Er hatte eine einzige Kassette, die er ohne Pause laufen ließ. Dreißig Stunden lang. Der Mann neben mir schlief trotzdem ein und sank mit seinem Kopf auf meine Schulter. An seiner Wange wucherte ein großes Geschwür. Ausweichen konnte ich nicht.

Der Bus hielt alle halbe Stunde an einem Checkpoint an. Wir fuhren in den pakistanischen Teil Kaschmirs, ein Gebiet, um das Pakistan und Indien mehrere Kriege geführt haben. Alle Ausländer – Thomas, Stefan und ich – wurden jedes Mal aufgefordert, aus dem Bus zu kommen. Das war nicht einfach. Ich musste den Mann mit dem Geschwür im Gesicht aufwecken, über viele Beinpaare steigen und vorbei an zahlreichen Kisten, Koffern und Tüten krabbeln.

Die Checkpoints sahen alle gleich aus. Ein Schlagbaum versperrte die Straße. Daneben war ein schlammfarbenes Zelt aufgespannt, vor dessen Eingang ein Tisch stand. Jeweils vier Soldaten bewachten die Kontrollpunkte. Sie sahen ärmlich aus. Jeder hatte ein anderes antikes Gewehr über dem Rücken hängen, die Uniformen waren schmutzig und zerlumpt. Meistens dösten sie in der Sonne, tranken Tee und rauchten etwas, das verdächtig nach Haschisch roch.

Wir drei wurden jedes Mal aufgefordert, unsere Namen, unsere Passnummern, die Heimatadressen, unsere Berufe, das nächste Ziel und den Grund unseres Aufenthaltes einzutragen. Gewissenhaft trugen wir alles in die DIN A3 großen Bücher ein, in die schon Hunderte Touristen vor uns mit Kugelschreiber ihre Namen gekritzelt hatten. „Warum?“, fragte Stefan beim ersten Mal einen Soldaten und bekam ein Schulterzucken zur Antwort. „Warum?“ fragte Stefan beim zweiten Mal und bekam gar keine Antwort.

Nach dem vierten oder fünften Checkpoint wussten wir unsere Passnummern auswendig und bemerkten, dass sich die Einträge der Reisenden veränderten, die vor uns hier gewesen waren. Der letzte Eintrag zeigte an, dass ein gewisser James Bond mit der Passnummer 007 auf der Durchreise gewesen war. „Spion" hatte er als Beruf angegeben und weiter ausgeführt, dass der Grund seines Besuches ein geheimer Auftrag ihrer Majestät sei. Ich blätterte eine Seite zurück. Ein Zahnbürstenfrisör hatte sich dort eingetragen, ein Tagedieb, außerdem Norman Schwarzkopf, amerikanischer Oberbefehlshaber der US-Truppen im Golfkrieg 1990/91. Da waren Reisende, die schrieben, sie seien auf der Flucht vor der Ehefrau, andere wollten den Gipfel des Nanga Parbat um Tausende Höhenmeter stutzen, und wieder andere schrieben, sie wollten eine Invasion vorbereiten.

Der Anführer der Soldaten schaute mir zu und lächelte mich an. Er nickte freundlich und deutete auf die freien Spalten unter James Bond, in die nun mein Name eingetragen werden sollte. Offensichtlich konnte keiner der Soldaten lesen! Ich setzte den Kugelschreiber an und schrieb. Name: Jackson, Michael. Beruf: Freak. Grund des Besuchs: Moonwalk mit dem Yeti einstudieren. Thomas und Stefan dachten sich anderen Unsinn aus. Jetzt fieberten wir den nächsten Kontrollposten entgegen. Hier war ein Wettbewerb im Gang, eine Art Fernschach unter

Rucksackreisenden: Wer konnte den besten Blödsinn eintragen? Während der Fahrt diskutierten wir, was als Nächstes unser Alter Ego sein würde. Je weiter wir in den Norden kamen, desto mehr Reisende hatten alberne Einträge in den Büchern hinterlassen.

In Gilgit trafen wir im Hotel einen Deutschen, der seit vielen Jahren regelmäßig in den Norden Pakistans reiste und dort ein Schulprojekt leitete. Wir erzählten von unseren Taten und denen der anderen Touristen und lachten. Er seufzte und sah uns streng an. Es stimme zwar, dass die Soldaten meistens nicht lesen könnten, aber es sei nun mal so, dass doch hin und wieder ein Tourist in den Bergen in Schwierigkeiten gerate und gesucht werden müsse. Da sei es doch ganz hilfreich, wenn die Reiseroute eines Vermissten durch die Bücher an den Kontrollposten nachvollziehbar werde. „Und glaubt mir, wenn einer nach euch sucht, kann der lesen."

Über sieben Brücken musst du gehen

Der Südkoreaner Park Young-Seok ist der einzige Mensch, dem es bislang gelungen ist, alle vierzehn Achttausender zu besteigen, außerdem die höchsten Berge aller sieben Kontinente zu erklimmen sowie zusätzlich den Nord- und Südpol zu Fuß zu erreichen. Diese Leistung wird auch als Adventure Grand Slam bezeichnet.

Frau Meyer im Gebirge

Die Jungfrau in den Berner Alpen erhielt angeblich diesen Namen, weil der von ewigem Eis und Schnee bedeckte Gipfel aus dem Tal gänzlich unerreichbar und unberührt erschien. Nachdem die Schweizer Kaufleute Johann Rudolf Meyer und Hieronymus Meyer den 4158 Meter hohen Berg bezwungen hatten, wurde die Jungfrau eine Zeit lang auch »Frau Meyer« genannt.

Söldner

Im Jahr 1492, als Kolumbus Amerika erreichte, bestieg der französische Söldnerführer Antoine de Ville am 26. Juni den 2097 Meter hohen Mont Aiguille in der französischen Dauphiné. Er handelte im Auftrag von Frankreichs König Karl VIII., dem es um weltliche, machtpolitische Interessen ging – er wollte Italien erobern. De Ville verwendete für den Aufstieg Leitern,

Seile und in den Fels geschlagene Eisennägel. Dies gilt als erste Bergtour, deren Erfolg notariell beglaubigt wurde. Das Schriftstück wird von manchen Historikern als die Magna Charta des Bergsteigens betrachtet.

Gipfelbücher

1518 bestieg der St. Galler Arzt und Humanist Vadanius gemeinsam mit weiteren Gelehrten den Pilatus. Einige Jahre später, 1555, folgte ihm der Zoologe, Botaniker und Mediziner Konrad Gesner (1515–1565). Damals hatte die örtliche Obrigkeit noch die Besteigung der Berge verboten – wohl aus Angst vor dort hausenden Drachen und ähnlichen Ungetümen. Wurde eine Ausnahme gestattet, musste ein bevollmächtigter Vertreter der Bürgerlichkeit mitkommen. Als Gesner den Gipfel erreichte, fand er allerdings eindeutige Hinweise, dass schon viele dieses Verbot ignoriert hatten.

Auf dem Gipfel hatten einige Bergsteiger bereits ihre Namen, ihr Familienwappen, Zeichen und Jahreszahlen in den Fels geritzt. Nach seiner Rückkehr hatte Konrad Gesner nichts von Drachen und bösen Mächten zu berichten. Stattdessen tat er, was nach ihm Generationen von Sommerfrischlern machten: Er schwärmte von der tollen Luft am Berg und schrieb:

»Die Luft ist freier und gesünder und nicht durch dichte Ausdünstungen verdorben wie in der Ebene und auch nicht ansteckend und stinkend wie in den Städten und Wohnplätzen der Menschen.«

Die Lehre von den Gebirgsformen

Gratgebirge haben linienförmige aneinandergereihte Gebirgszüge. Die Kammlinien sind ausgeprägt und verästelt. Beispiel: Salzburger Schieferalpen, Taunus.

Kammgebirge zeichnen linienförmig aneinandergereihte Gebirgszüge mit einer einzigen Hauptkammlinie. Beispiele: Riesengebirge, Bachergebirge in den Alpen.

Kettengebirge bestehen aus linienförmigen aneinandergereihten Gebirgszügen mit zahlreichen gestaffelten Bergkämmen. Beispiel: Alpen.

Kuppengebirge zeichnet aus, dass sie aus unregelmäßig aufragenden Gipfeln bestehen, die sich aus einem gemeinsamen Gebirgsfuß erheben. Beispiele: Randgebirge der Alpen, Frankenwald.

Massengebirge erheben sich deutlich geschlossen über das Umland. Die Gebirgszüge zeigen keine klare Hauptrichtung. Beispiele: Harz, Französisches Zentralmassiv.

Plateaugebirge haben nur mehr einen Fuß, der erhalten ist. Die Kammlinie ist hingegen kaum zu erkennen, auch Gipfel zeichnen sich wenige ab. Beispiel: Schwäbische Alb.

Rumpfgebirge könnten auch als Restgebirge bezeichnet werden, denn sie bestehen lediglich aus der Basis eines Gebirges, das die Zeit und Erosion überdauert hat. Sie zeigen sich als Hügellandschaft. Beispiel: Böhmische Masse.

Spione auf dem Berg

Auf der Nanda Devi in Indien hat sich in den Sechzigerjahren angeblich der US-Geheimdienst CIA eingenistet. Laut Gerüchten gab es Versuche, auf dem Gipfel des 7816 Meter hohen Berges nahe der Grenze zu Tibet Geräte zu installieren, um die Fortschritte des chinesischen Nuklearprogramms zu überwachen. Durch eine Lawine gingen die Spionage-Utensilien angeblich verloren. Zwischen 1968 und 1974 schloss die indische Regierung das Gebiet rund um die Nanda Devi für Zivilisten. Das befeuerte Gerüchte um CIA-Aktivitäten auf dem majestätischen Gipfel.

Sex-Berge

Im französischen Sprachraum ist das Wort »Sex« ein Namensbestandteil vieler Bergbezeichnungen. Besonders in den Schweizer Kantonen Wallis und Waadt und den südwestlichen Berner Alpen tragen viele Gipfel Namen wie etwa Sex Rouge oder Sex Mort. Der Ursprung dieser Namen liegt jedoch keineswegs im Geschlechtlichen, sondern leitet sich vom lateinischen

Wort »Saxum« für Fels ab. Die italienische Entsprechung ist Sasso und die rätoromanische Sass. In Frankreich verwendet man hingegen Bezeichnungen wie Saix oder Says.

Der Alpenhund

Dem Amerikaner William Augustus Brevoort Coolidge (1850–1926) gelangen zahlreiche Erstbesteigungen in den Alpen. Bei vielen Touren begleitete ihn seine Beagle-Hündin Tschingel, die ihm der Schweizer Bergführer Christian Almer geschenkt hatte. Der Hund sammelte im Laufe seines Lebens eine eindrucksvolle Zahl von Bergbesteigungen: Sein Tourenverzeichnis listet 53 Hochtouren auf, die meisten davon auf mehr als 4000 Meter hohe Gipfel. Elf darunter waren Erstbesteigungen. Nach einer Tour auf den Monte Rosa ernannte der britische Alpine Club Tschingel zum Ehrenmitglied des elitären Vereins.

Die Vertreibung aus dem Paradies

Ratten vertrieben den Baumhummer einst aus seinem Paradies. Fast wäre das größte flugunfähige Insekt der Erde ausgestorben, dann entdeckten Kletterer das bis zwölf Zentimeter lange, zigarrenförmige Tier im Exil auf einem extrem abgelegenen Kletterfelsen im Meer. Wie die Tiere, die zu den Gespenster-

schrecken zählen, dorthin gelangen konnten, ist bis heute unerklärlich.
Einst lebten die Baumhummer in großer Zahl auf der Lord-Howe-Insel, einem Eiland in der Tasmanischen See zwischen Australien und Neuseeland. 1918 sank ein Schiff vor der Inselgruppe, Ratten schwammen an Land und fraßen binnen zwei Jahren sämtliche Baumhummer auf. Die Tiere galten seitdem als ausgestorben. In den Sechzigerjahren berichteten Kletterer, sie hätten die Insekten auf der Ball's Pyramid entdeckt. Diese mehr als 500 Meter hohe Felsnadel ragt zwanzig Kilometer von der Lord-Howe-Insel entfernt aus dem Meer. Lange brachte man den Berichten vor allem Skepsis entgegen, denn wie sollten die flügellosen Tiere so weit über das offene Meer auf den kahlen Stein gelangt sein?
Im Jahr 2000 starteten der Biologe David Priddel von der Umweltbehörde New South Wales, Australien, und andere Wagemutige eine Expedition zu den steilen Klippen von Ball's Pyramid, um nach den Baumhummern zu suchen. Unter einem der wenigen Büsche auf dem Felsen entdeckten sie 35 Baumhummer – die letzten Überlebenden ihrer Art. Für die Biologen ein Wunder, denn dies sei die einzige Stelle auf der ganzen Ball's Pyramid gewesen, wo die Insekten eine winzige Überlebenschance gehabt hätten. Nun werden die Gespensterschrecken wieder auf Lord Howe Island angesiedelt.

Die erste Nacht

Die Stüdlhütte liegt auf 2801 Metern Höhe in der Glocknergruppe, in der Fanatscharte unterhalb des Stüdlgrates. Das erste Schutzhaus an dieser Stelle wurde 1868 erbaut. Es war die erste Hütte des Deutschen Alpenvereins. Benannt wurde sie nach dem Prager Kaufmann Johann Stüdl (1839 – 1925), der sich sehr um die alpinistische Erschließung der Glocknerregion verdient gemacht hatte. Der moderne Neubau der heutigen Stüdlhütte entstand zwischen 1993 und 1996.

Alles dabei?

Die *Mitteilungen des Deutschen und Österreichischen Alpenvereins* veröffentlichten in einer Ausgabe von 1879 eine Liste der Gegenstände, die jeder Bergsteiger mindestens in seinem Rucksack dabeihaben solle: Feuerzeug * Feldstecher * Feldflasche * Thermometer * Kompass * Steigeisen * Gletscherbrillen * Gletschersalbe * Reisehandbuch * Karte * Notizbuch * Bleistift * vielleicht auch Skizzenbuch * Papier für Pflanzen und Mineralien * Pergamentpapier oder Wachsleinwand * Hausschuhe * wollene Kappe * Taschentuch * Zigarren * Seifenpulver * Kamm * Zahnbürste * Nähnadeln und Faden * Reserveknöpfe * Reservenägel * Leinwand * englisches Pflaster * Opiumtropfen * ein Stück Wachslicht * Laterne * Insektenpulver * Rum und Proviant * Wettermantel * Geld * Uhr * Messer

Gipfel der Lust

Der Parkplatz in Steinberg am Rofan in Tirol stand voll mit Autos mit Münchner Kennzeichen. Der 2195 Meter hohe Guffert in den Brandenberger Alpen ist ein beliebter Ausflugsberg, steht in zahlreichen Beschreibungen zu lesen. Das ist eine harmlose und irreführende Beschreibung. Korrekt müsste sie lauten: Im Spätsommer wandert halb München auf den Guffert. Die Wahrscheinlichkeit, dass Sie hier einen Nachbarn, Kollegen oder Expartner treffen, ist hoch. Fabio, Tobias und ich zählten zu diesen Münchnern.

Wir saßen im geöffneten Kofferraum des Wagens und schnürten unsere Wanderstiefel. Neben uns parkte ein VW Golf, natürlich mit Münchner Autokennzeichen. Als Tourist mag man andere Touristen aus seinem Heimatort nicht. Klingt komisch, ist aber so. Wir verdrehten die Augen – und hörten sofort damit auf, als zwei sehr hübsche Frauen Ende zwanzig aus dem Wagen ausstiegen. Auch sie wollten auf den Guffert, manchmal ist es doch ein Vorteil, samstags zu einem beliebten Ausflugsberg zu fahren. Wir ließen uns etwas mehr Zeit mit den Schnürsenkeln, kontrollierten mehrmals, ob wirklich alles Wichtige in den Rucksäcken verstaut war, und prüften unseren Standort sowie die anstehende Route sorgfältig auf der Wanderkarte. Dann waren die Mädels fertig.

Wir gingen wie zufällig zur gleichen Zeit los. Tobias sprach die beiden an, machte ein paar Scherze und genoss die Aufregung. Fabio und ich beneideten ihn etwas um das kleine Abenteuer. Wir waren beide in festen Händen und nicht ansatzweise so, sagen wir, aufgeschlossen wie Tobias. Vor uns gingen noch zwei Typen, die ebenfalls einem Münchner Auto entstiegen waren. So richtig zogen die zwei Frauen nicht. Vielleicht traf Tobias nicht ihren Humor, vielleicht wollten sie auch einfach ihre Ruhe haben und ärgerten sich gerade darüber, dass sie an einem Samstag auf einen beliebten Ausflugsberg wanderten.

Nach einer Weile lief jeder für sich. Die Mädels ließen sich zurückfallen, wir gingen voraus. Bei einer Pause überholten uns die zwei Münchnerinnen, man grinste und grüßte, und kurz darauf überholten wir sie wieder, als die zwei am Wegesrand saßen und Äpfel und belegte Brote aßen. Kurz vor der schmalen und recht ausgesetzten Gipfelpassage begegneten wir uns ein letztes Mal und wechselten ein paar Worte. Die zwei anderen Münchner Typen trafen wir unter dem Gipfelkreuz.

Während des Abstiegs geriet Tobias ins Schwärmen. Eine der beiden gefiel ihm besonders, und er hatte ihren Namen herausgefunden, während Fabio und ich schon vorausgegangen waren. So richtig weitergekommen war er aber nicht, er hatte weder ihre Adresse noch Telefonnummer.

Der Abstieg verlief zügig. Statt gleich nach Hause zu fahren, setzten wir uns noch in die Gastwirtschaft direkt neben dem Parkplatz, aßen Suppe und Kaiserschmarrn. Tobias bat den Kellner nach einer Weile um einen Stift und etwas Papier. Er wollte seinen Namen und seine Telefonnummer auf einen Zettel schreiben, dazu ein paar nette Worte formulieren und das Ganze – vielleicht zusammen mit einer Blume – an die Autoscheibe der zwei Frauen klemmen.

Wir brauchten eine ganze Weile, um die richtigen begleitenden Worte zur Telefonnummer zu finden. Dabei spähte immer einer von uns durch die nikotinvergilbten Gardinen auf den Parkplatz. Die Mädels konnten schließlich auch jeden Moment vom Berg zurückkommen und wegfahren. Mit dem Zettel in der Hand suchte Tobias dann die Grünflächen rund um den Parkplatz nach einer Blume ab, die seine Gefühle widerspiegelte und etwas mehr hermachte als ein Löwenzahn. Wir marschierten schließlich zu dem VW Golf mit Münchner Kennzeichen und diskutierten, ob wir den Zettel besser hinter die Scheibenwischer an der Windschutzscheibe oder an der Fahrertür zwischen die Scheibe und die schwarze Gummileiste stecken sollten.

Wir entschieden uns für die Fahrertür. Tobias faltete den Zettel zusammen und schaute überrascht. Jemand hatte dort schon einen Zettel hineingesteckt. Auf dem zusammengefalteten Stückchen Karopapier standen ein Name, eine Telefonnummer und eine Münchner Adresse. Die zwei anderen Münchner Typen, die wir immer wieder getroffen hatten, warben um genau die gleiche Frau wie wir. Und sie hatten auch eine Blume gepflückt, die jetzt schlaff und welk in der schmalen Ritze an der Scheibe der Fahrertür eines Wagens hing, der auf dem Wanderparkplatz eines beliebten Ausflugsberges stand.

Die Frauen schlagen zurück

Im Jahr 1907 gründeten britische Alpinistinnen den Lyceum Alpine Club, den ersten Damen-Alpenverein der Welt. Die ersten Jahre bildeten die Bergsteigerinnen eine Interessengemeinschaft innerhalb des größeren Lyceum Clubs, in dem sich berufstätige Frauen organisiert hatten. 1910 spalteten sich die mittlerweile etwa fünfzig organisierten Bergsteigerinnen davon ab und riefen unter dem Namen Ladies' Alpine Club (LAC) einen eigenständigen Vereins ins Leben. Die erste Ehrenpräsidentin war Königin Margarethe von Italien, die in den Alpen selbst viele Touren gemacht hatte. Wichtigste Motivation für die Gründung des LAC war, dass sich der britische Alpine Club, der 1857 gegründete erste Alpenverein der Welt, weigerte, Frauen in seinen Reihen zu akzeptieren. Erst 1974 nahm der Alpine Club endlich auch Frauen auf, ein Jahr darauf fusionierten beide Vereine, und 1986 wurde mit Nea Evans zum ersten Mal eine Frau Präsidentin der ehemaligen Männertrutzburg Alpine Club.

Das friedliche Kufstein

Das Kufsteinlied bringt jedes Jahr etwa 600 000 Euro an Tantiemen ein. Wohl deshalb mussten Gerichte immer wieder Streit um die Rechte an dem Walzer im Dreivierteltakt schlichten, den der Briefträger und Postbusfahrer Karl Ganzer 1947 ursprünglich als Tango im Vierachteltakt komponiert hatte. Zuletzt führten die Kinder des 1988 gestorbenen Ganzer im Jahr 2009 in München einen Prozess gegen Egon Frauenberger, der sich 2001 als Miturheber des Alpen-Schlagers bei der Verwertungsgesellschaft GEMA hatte eintragen lassen. Frauenberger bekam von da an jährlich ein Zwölftel der Tantiemen. Er behauptete, dass der Refrain-Jodler des Liedes von ihm stamme. »Hollarä-diri-diri-diri«, »Hollarei-diho« oder »Hollarei-dulljö« – wie ist der Refrain des Kufsteinliedes korrekt zu jodeln? Das Gericht musste schließlich doch nicht in die Tiefen der Jodel-Wissenschaft hinabsteigen: In einem Schriftstück von 1976 hatte Egon Frauenberger bereits einmal offiziell bestätigt, dass Karl Ganzer der alleinige Komponist des Kufsteinliedes sei, damit war die Sache geklärt. Das Gericht urteilte, dass Frauenberger dafür sorgen müsse, bei der GEMA nicht mehr als Miturheber des Stückes geführt zu werden.

Überall ist Jodeln

Das Jodeln ist ein Gesang mit Lautsilben ohne tatsächlichen Text, bei dem in der Regel rasch von der Brust- auf die Falsettstimme umgeschlagen wird. Große Bedeutung hat es in Volksliedern aus dem deutschsprachigen Alpenraum. Vermutlich ist die Technik des Jodelns tatsächlich in gebirgigen, unwegsamen Regionen entstanden, in denen sich zum Beispiel Hirten über große Distanzen verständigen mussten. Statt den weiten Weg in Kauf zu nehmen, jauchzte oder jodelte man eben von Alm zu Alm oder Hang zu Hang. Das Jodeln ist nicht auf den alpenländischen Raum beschränkt, sondern wurde an vielen Orten der Erde unabhängig voneinander in ähnlicher Weise erfunden und praktiziert. So gibt es Formen gejodelter Lautäußerungen etwa in Bulgarien, China, bei den Inuit, in Kambodscha, Lappland, Melanesien, Palästina, Polen, Rumänien, Schweden, Spanien, Thailand, den USA und verschiedenen Völkern des Kaukasus.

Läuterung

Der Eintritt ins Paradies ist niemals einfach. Vor der Erlösung wartet die Mühsal. Um ihren Göttern nah zu sein, sind Menschen schon immer auf Berge gestiegen. Körperliche Anstrengung, die Schmerzen und die Überwindung der eigenen Angst waren Teil der Läuterung des Bergsteigers aus spirituellen Motiven. Auch der Eintritt in das Paradies der Gangotri-Gruppe im indischen Bundesstaat Uttarakhand kostet einige Überwindung. Diese Berge liegen nahe der Grenze zu Tibet, die Gegend ist ein politisch heikles Gebiet. Mehrere Gipfel sind Sperrgebiet, verschiedene Übergänge sind geschlossen. Besonders für Touristen aus dem Ausland ist eine Trekkingtour eine besondere Herausforderung. Wer hier wandern will, macht Bekanntschaft mit der langsamen indischen Bürokratie. Eine solche Erfahrung kann Demut lehren. Der einheimische Bergsteiger und Autor Harish Kapadia formulierte es einmal so:

»Betrachten Sie den Kontakt zur indischen Bürokratie als Teil der Erfahrung. Kein Paradies ist leicht zu erreichen.«

Der Horst von Afrika

Der Ruwenzori tanzt aus der Reihe der afrikanischen Gebirge. Der höchste Gipfel des Massivs zwischen Uganda und dem Kongo ist der Margherita Peak mit einer Höhe von 5109 Metern. Das Ruwenzori ist anders als etwa das Kilimandscharo- oder das Mount-Kenya-Massiv nicht vulkanischen Ursprungs. Die Entstehung des 160 Kilometer langen und fünfzig Kilometer breiten Gebirges stellte Geologen lange vor ein Rätsel. Nach den gängigen Erklärungsmustern dürfte an diesem Ort nahe des Äquators eigentlich kein Hochgebirge wie das Ruwenzori liegen. Denn an diesem Ort im Großen Afrikanischen Grabenbruch entfernen sich zwei Kontinentalplatten voneinander, statt zu kollidieren und dabei ein Gebirge aufzufalten. Das Ruwenzori liegt inmitten des Grabenbruchs, wo vor drei bis acht Millionen Jahren wahrscheinlich aufströmendes heißes Gestein aus dem tieferen Erdmantel – eine sogenannte Plume – dafür sorgte, dass sich das Massiv darüber binnen zwei Phasen regelrecht aus dem Boden in die Höhe schraubte. Das Ruwenzori wurde als sogenannter tektonischer Horst emporgedrückt. Ein Horst ist eine Scholle, die im Verhältnis zu benachbarten parallelen Schollen erhöht liegt.

Politik und Klimawandel

Am 4. Dezember 2009 kam das Regierungskabinett Nepals zu einer Sitzung im Mount-Everest-Basislager zusammen. Das Treffen in einer Höhe von 5250 Metern diente als symbolischer Akt, um im Vorfeld der Klimakonferenz von Kopenhagen auf die Probleme des Landes durch den Klimawandel aufmerksam zu machen. Die durch die Erderwärmung schmelzenden Himalaja-Gletscher erhöhen das Risiko für Erdrutschungen und Überflutungen. Die nepalesischen Politiker griffen mit ihrer Aktion eine Idee von den Malediven auf. Dort hatten sich Regierungsvertreter in Taucherausrüstung unter Wasser zu einer Kabinettssitzung getroffen. Sie wollten darauf aufmerksam machen, dass die Malediven durch steigende Meeresspiegel bedroht sind.

Ein Land wird tiefer gelegt

Die Appalachen im Osten der USA zählen zu den ältesten Gebirgen der Welt. Gleichzeitig stecken in den Bergen – besonders in den US-Bundesstaaten West Virginia, Kentucky und Ohio – reichhaltige Kohleflöze. Ein Drittel der gesamten Kohleproduktion der USA stammt aus den Appalachen. In den vergangenen Jahren haben die Landschaft und die Natur in der Region besonders gelitten: Die Bergbauunternehmen gingen wenig zimperlich vor und beuteten die Kohleflöze mit einer Technik aus, die sie »Mountaintop Mining« nennen. Der harmlose Begriff kaschiert die gigantische Zerstörung eines Gebirges, denn die Minenbetreiber sprengen ganze Berge weg, um die Kohleschichten freizulegen und abzubauen. Mehr als 400 Berge ließen die Bergbauingenieure in den vergangenen Jahren in die Luft fliegen. Dazu tragen erst riesige Bagger das Erdreich auf den Gipfeln ab und räumen Wälder aus dem Weg. Ist der nackte Fels aus Schiefer und Sandstein freigelegt, werden Sprenglöcher gebohrt und mit Dynamitladungen befüllt. Nach den Explosionen werden Geröll und anderes lockeres Material einfach ins Tal geschoben und Bäume, Wiesen und Bäche darunter begraben. Nicht nur der Berg verschwindet, auch das Tal geht verloren. Die freigelegten Kohleflöze lassen sich schließlich leicht und billig abtransportieren, zurück bleibt eine verwüstete Ebene. Wie sehr die Appalachen durch die rabiaten Bergbaumethoden der Minenbetreiber verändert werden, schilderte der Rentner Larry Gibson dem Nachrichtenmagazin *Spiegel*. Gibson wehrt sich gegen die Minenbetreiber und weigert sich, den Kayford Mountain in West Virginia zu verkaufen, der seiner Familie gehört. »Unserer war immer der kleinste Berg hier. Jetzt ist er der höchste.«

Katastrophe

Über den Rossberg im Kanton Schwyz gäbe es ohne die Ereignisse vom 2. September 1806 wenig zu berichten. Die Bergkette hat drei Gipfelpunkte, deren höchster die

Wildspitze mit 1580 Metern ist – wenig bemerkenswert in einem Land, in dem Berge wie das Matterhorn und der Eiger stehen und sich 74 Gipfel in Höhen von mehr als 4000 Metern erheben. Doch am Rossberg ereignete sich an jenem Septembertag 1806 die schwerste Naturkatastrophe der jüngeren Schweizer Geschichte: Beim Goldauer Bergsturz löste sich eine gigantische Felsmasse vom Goldberg, begrub die Dörfer Goldau und Röthen unter sich und zerstörte große Teile der Ortschaften von Buosingen und Lauerz. 457 Menschen starben.

Schon in den zwei Jahren vor 1806 hatte es ungewöhnlich viel geregnet. Nach einem schneereichen Winter fielen auch in diesem Sommer reichliche Niederschläge auf die bis an die Gipfel bewaldeten Berge im Schweizer Voralpenland. Der Boden war von Wasser gesättigt, der Untergrund wurde immer schwerer und geriet langsam in Bewegung. Holzhauer berichteten in den Tagen vor dem Unglück von seltsamen Vorgängen an dem scheinbar harmlosen Berg. Spalten öffneten sich, Bäume stellten sich quer, und lautes Knallen hallte durch den Wald, wenn dicke Wurzeln zwischen den Rissen im Boden barsten. Gegen halb fünf am Nachmittag geriet der ganze Hang in Bewegung. Schließlich rutschte der Berg auf einer Breite von 500 Metern und einer Länge von 1500 Metern schlagartig ab. Der Schuttstrom erreichte eine Geschwindigkeit von 150 bis 200 Stundenkilometern. Die Trümmermassen rasten durch den Talboden hindurch und brandeten 120 Meter hoch an die gegenüberliegenden Hänge des

Rigi. Felsen und Geröll erreichten sogar den 2,5 Kilometer entfernten Lauerzersee und warfen dort eine mehrere Meter hohe Flutwelle auf. Der Hang war auf einer Tiefe von fünfzig bis achtzig Metern ins Rutschen geraten und wie eine Flüssigkeit ins Tal gerauscht. Ungefähr 36 Millionen Kubikmeter Fels, Gestein und Geröll gingen an diesem Nachmittag binnen zwei Minuten von einem vermeintlich harmlosen Hügel ab. Noch heute untersuchen Wissenschaftler den Bergsturz von Goldau. Noch bleiben einige Geheimnisse, die weder Computersimulationen noch Gesteinsanalysen noch die Berichte von Zeitzeugen lüften konnten. Und eine Gewissheit: Es ist sehr wahrscheinlich, dass sich abermals eine Katastrophe von den gleichen Dimensionen am Rossberg ereignen wird. Dafür sprechen die geologischen Bedingungen an dieser unscheinbaren Voralpen-Bergkette.

Bergschuhe

Mit dem Hinweis, etwas sei besonders natürlich oder habe eine jahrtausendealte Tradition, lässt sich ziemlich effektiv verkaufen – Lebensmittel, Naturheilmittel, Wellness-Produkte oder einfach Ideen und Überzeugungen. Auch vor Bergwanderern macht der Trend zum besonders Natürlichen nicht halt. So findet das Barfußwandern eine wachsende Zahl von Anhängern. Auf Bergschuhe zu verzichten sei besonders gesund, besonders anregend und überhaupt ein besonderer Spaß,

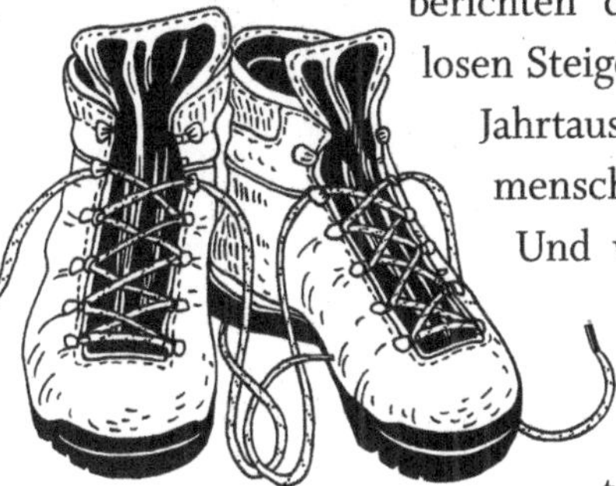

berichten die Verfechter des stiefellosen Steigens. Die Evolution habe zig Jahrtausende gebraucht, um den menschlichen Fuß zu erschaffen. Und was mache der Wanderer, klagen die Barfuß-Gurus? Er steckt diese natürlichen Fortbewegungsmittel in schwere Stiefel. Dort verkümmerten die Füße und deren Muskulatur sofort. Dies habe diverse Leiden zur Folge, schreiben die Barfuß-Verfechter, wovon Knie- und Rückenschmerzen noch die geringsten Übel seien. Und überhaupt, was gebe es Schöneres und Natürlicheres, als im Sommer mit den nackten Füßen auf flauschigen Alpweiden zu laufen, heiße Steinplatten zu spüren oder auch mal den Fuß in einem glitschigen, lauwarmen Kuhfladen zu versenken, heißt es auf einer Internetseite der Barfuß-Gemeinde. Die Tourismusindustrie lässt sich derlei Chancen nicht entgehen: In Tirol, in Mittenwald, Garmisch und anderswo werden bereits Barfuß-Parks ausgewiesen, Barfuß-Bergwanderpfade angelegt und Barfuß-Wanderkurse angeboten. Natürlich werden auch bereits Wanderführer veröffentlicht, die die schönsten Barfuß-Routen auf Gipfel des deutschen Voralpenlandes versprechen. Wer es versuchen will: Pinzette und Pflaster nicht vergessen.

Die Grabstein-Berge

Die Nilgiriberge erheben sich im Süden Indiens. Der höchste Gipfel der »Blauen Berge«, wie der tamilische Begriff übersetzt wird, ist der 2637 Meter hohe Doddabetta. Die Nilgiriberge bestehen hauptsächlich aus Charnockit. Das granitähnliche Gestein ist nach Job Charnock (1630–1692) benannt, dem Gründer der indischen Metropole Kalkutta. Das Mausoleum des Stadtgründers wurde aus Charnockit errichtet. Auch der Sockel der riesigen Christusstatue in Rio de Janeiro besteht aus diesem Gestein. In den Sechzigerjahren war Charnockit in Deutschland das beliebteste Material für Grabsteine.

Handicap

Die Aussicht ist gigantisch. Auf dem Himalajan Golf Course können Spieler auf das Annapurna-Massiv blicken, bevor sie ihren Schwung zum Abschlag ansetzen. Die Neun-Loch-Anlage (Par 37) in Nepal nimmt für sich in Anspruch, der abgelegenste Golfplatz der Welt zu sein. In der Tat ist die Anreise nach Pokhara beschwerlich. Mit dem Bus dauert es von der nepalesischen Hauptstadt Kathmandu zwischen sechs und acht Stunden. Die Fahrt geht über enge Straßen, die vorbei an zahlreichen Mautstationen durch das Gebirge führen. Auch wer mit dem Flugzeug anreist, braucht starke Nerven. Die Landepiste verläuft in Nord-Süd-Richtung, während sich das Pokhara-Tal von Osten nach Westen erstreckt. Die Anflugschneise ist dadurch stark verkürzt. Der Abstand von der Landepiste zu den das Tal begrenzenden Bergflanken beträgt nicht mehr als zwei bis drei Kilometer. Die Piloten müssen ihre Maschinen zunächst über 8000 Meter hohe Berge navigieren, um dann steil in das auf nur 1000 Metern Höhe gelegene Tal hinabzusteuern. Für die Piloten und die Mägen der Passagiere ist das eine Herausforderung. Bestimmt macht es aber Spaß, zuvor in Kathmandu mit einer Golfausrüstung zwischen Alpinisten und Trekkingtouristen herumzustolzieren und verächtliche Blicke in alle Richtungen zu werfen.

Die richtige Ausrüstung

Wir wollen alle zurück zur Natur. Das sagen wir alle immer wieder. So oft, dass dieser Satz ganz hohl und leer geworden ist. Die Aussage suggeriert außerdem, dass wir schon einmal in der Natur gewesen sind, es sich also um eine Rückkehr zu einem alten Bekannten handelt, den wir einfach nur länger nicht mehr gesehen haben. In der Regel ist es recht feucht, ungemütlich und anstrengend, diese Natur zu besuchen. Schon ein Sonntagsspaziergang durch einen deutschen Fichtenwald zeigt einem manchmal die Grenzen auf. Es nieselt, der Boden zwischen den Stangenfichten ist matschig und aufgeweicht. Jemand meckert, hat nasse Schuhe und keine Lust mehr. Wir wollen zwar alle zurück zur Natur, aber bitte nur perfekt ausgerüstet und vorbereitet.

Die richtige Ausrüstung bieten in Deutschland sogenannte Outdoor-Stores an. In München zum Beispiel kaufen viele bei Lauche & Maas oder Därr. Die Kataloge beider Firmen liegen häufig der örtlichen Presse und kostenlosen Stadtmagazinen bei. Die Prospekte sehen billig aus, aber das ist Konzept. Outdoor-Ausrüster verkaufen einem auch Einfachheit und Authentizität. „Schau her, lieber Kunde", lautet die Botschaft, „wir verzichten auf Schnickschnack." Schließlich geht es hier um Abenteuer, um

Expeditionen, ach was, es geht ums nackte Überleben. Sogar Globetrotter, der größte deutsche Outdoor-Ausrüster, versucht diesen Eindruck zu erwecken. Und das, obwohl es in der gigantischen Kölner Filiale der Firma ein Erlebnis-Treppenhaus mit Urwaldgeräuschen gibt, einen auf dem Klo ein Video mit aufgewühltem Meer ablenkt und antarktistaugliche Expeditionskleidung in der Kältekammer per Wärmeverlustanalyse mit der Infrarotkamera ausgesucht werden kann.

Das ist Verzicht auf Schnickschnack! Wer in Deutschland einen Campingurlaub plant, rüstet sich oft aus, als wolle er ein paar lebensbedrohliche Tage in der Rupalflanke des Nanga Parbat verbringen. Stattdessen führt die Reise dann ins Fichtelgebirge – dafür mit Solardusche, arktiserprobtem Schlafsack, einem handgeschmiedeten Outdoor-Messer (liegt perfekt in der Hand, strukturierter Micarta-Griff, 299 Euro 95) und einem ebenfalls handgeschmiedeten Eispickel in Retro-Optik mit karbonverstärktem Schaft (für alle Fälle, nur zur Sicherheit, man kann nie wissen). Wer dann nach einem Einkauf in einem Outdoor-Fachgeschäft doch noch so viel Geld übrig hat, dass es für eine Trekkingreise ins Ausland reicht, der kann sich einer Sache sicher sein: Trifft er einen anderen Wanderer, dessen Ausrüstung ähnlich hochwertig ist wie die eigene, dann handelt es sich mit großer Sicherheit um einen Landsmann, der auch in Köln, Hamburg oder München in der Outdoor-Erlebniswelt sein Abenteuer vorbereitet hat.

Die meisten dieser Läden wirken wie ein fremdes Revier. Die Angestellten verkaufen oder arbeiten hier nicht nur, nein, sie leisten aktiven Widerstand. Gegen die große und böse Tourismusindustrie, gegen große Warenhausketten und gegen die eigenen Kunden. Ich habe in diesen Läden oft das Gefühl, als müsse ich es erst verdienen, hier etwas zu kaufen. Mich drängt es, den Verkäufer zu beweisen, dass ich den Rucksack nicht brauche, um damit in den Badeurlaub nach Griechenland zu fahren, sondern dass ich vorhabe, damit im Lotussitz und mit verbundenen Augen den Aconcagua hinaufzuhüpfen.

Einmal wollte ich bei einem Outdoor-Ausrüster ein GPS-Gerät kaufen, damit ich bei Radtouren nicht mehr so oft auf die Landkarte schauen muss. Der Rüdiger-Nehberg-Typ, der in kurzen Hosen und mit Trekkingsocken in Trekkingsandalen bei den GPS-Geräten stand, ignorierte mich mit der stoischen Ausdauer eines missmutigen Hochland-Alpakas.

„Entschuldigung, ich ...“, sagte ich.

„Moment! Gleich!“, bellte er und fing an, in einem Ordner zu blättern.

Als er mir nach einer Weile doch wortlos seine Aufmerksamkeit schenkte, trug ich mein Anliegen vor.

„Wo muss ich anfangen?", seufzte er.

„Wie anfangen?" Ich verstand nicht, was er meinte.

„Muss ich jetzt einen GPS-Kurs für Anfänger machen, oder kennst du dich schon aus?", sagte er und schaute mich vorwurfsvoll an.

Ich fühlte mich klein wie ein Hügel in Holland und bestellte die Anfängerberatung. Obwohl ich den Kerl am liebsten auf einen Survival-Trip ohne Wiederkehr geschickt hätte, kaufte ich ein GPS-Gerät und Kartensoftware für einen Preis, mit dem man in Nepal ein ganzes Dorf ein Jahr lang verpflegen könnte.
Als ich damit zum ersten Mal eine lange Radtour machen wollte, schickte mich das Navi beharrlich auf die Autobahn. Dabei hatte ich der Software verklickert, dass ich mit dem Rad zu fahren gedächte, kleine Straßen bevorzuge und große meiden wollte. Das Gerät ließ sich nicht umstimmen. „Software-Fehler", sagte der Mann von der Herstellerfirma, den ich später beleidigt anrief. So richtig angefreundet habe ich mich nie mit dem Gerät, das ich dann bei der Abfahrt vom Brenner-Grenzkamm mit dem Mountainbike verloren habe. Beim Outdoor-Ausrüster würde ich das aber niemals zugeben.

Man kann bei der Ausrüstung so viel falsch machen. Den falschen Schlafsack kaufen. Gegenüber einem Daunenjünger positiv über eine Kunstfaserfüllung sprechen. Blöde Fragen beim Kauf eines Campingkochers stellen. Es könnte einem auch passieren, dass man Mountainbikesocken in den Wanderstiefeln trägt oder aus Versehen die speziellen Snowboardsocken zur Skitour angezogen hat.

Natürlich mache ich trotzdem bei diesem ganzen Outdoor-Ausrüstungswahnsinn mit. Für die Tour ins Karakorum kaufte ich alles, was der damals studentische Geldbeutel zuließ. Steigeisenfeste Bergschuhe, Steigeisen, eine Jacke aus irgendeinem Material, dessen Name nahelegte, dass dafür jemand den Physiknobelpreis gewonnen hatte. Die Nähte meines Rucksacks mit lebenslanger Garantie dichtete ich mit einer speziellen Paste ab, die ich nach einem intensiven Beratungsgespräch in einem Expeditionsfachgeschäft erworben hatte. Den Schlafsack tunte ich mit einem zusätzlichen Innenschlafsack auf, sodass ich darin noch frostigeren Minusgraden trotzen konnte. Wir kauften sündhaft teure Trekking-Fertignahrung in silbernen Beuteln. Darauf stand, dass der Abenteurer Arved Fuchs den Ratsherrentopf mit Trockenrindfleisch und andere Gerichte bei seinen Arktis- oder Antarktistouren zubereitet habe. Das waren genau die richtigen Mahlzeiten für uns!

Unsere Rucksäcke waren prallvoll, als wir schließlich im Karakorum losmarschierten. Es war fast unmöglich, die Dinger alleine aufzusetzen, so schwer waren sie, obwohl wir selbstverständlich um jedes Gramm Gepäck gerungen hatten. Viele Tage später quälten Stefan und ich uns über das lose Geröll eines Gletschers. Wir befanden uns auf mehr als 4000 Metern Höhe, und wir kamen nur recht zäh voran. In beiden Händen hielten wir unsere Leki-Teleskop-Wanderstöcke, unsere Füße steckten in teuren, schweren Bergschuhen, auf unseren Rücken trugen wir teure, schwere Rucksäcke.

In dieser sonst völlig menschenleeren Gegend überholte uns ein Einheimischer. Mit Händen und Füßen signalisierte er uns, dass er Hirte sei und weiter oben seine Tiere auf einer kleine Grünfläche weidete. Er trug einen riesigen Sack Reis, den er mit einem Holzgestell und Hanfstricken auf dem Rücken befestigt hatte. Auf dem fast mannsgroßen Sack balancierte er einen Stapel Brennholz. Er lachte und ging schnell über den steinigen Untergrund weiter. Seine nackten Füße steckten in Flip-Flops. Ich fühlte mich schlecht.

Sonnenschutz

Die Erstbesteiger des Großvenedigers schmierten sich bei der Tour im Jahr 1841 ihre Gesichter mit Schießpulver ein. So schützten die Bergsteiger ihre Haut vor Sonnenbrand. Welchen Lichtschutzfaktor Schießpulver bietet, ist nicht überliefert.

Ohrwurm

Der britische Bergsteiger Joe Simpson wurde durch eine unfassbare Leistung (und sein Buch darüber) berühmt. Beim Abstieg vom Siula Grande (6344 Meter) in Peru stürzte er und zertrümmerte sich das Knie. Sein Partner Simon Yates ließ ihn daraufhin Seillänge für Seillänge den Berg hinab, bis Simpson abermals stürzte und in einer Gletscherspalte verschwand. Yates hielt ihn für tot und ließ ihn nach langer Suche zurück. Doch Joe Simpson überlebte auch diesen Sturz und kämpfte sich schwer verletzt drei Tage lang ohne Verpflegung zurück ins Basislager. In seinem Buch »Sturz ins Leere« erzählte er, dass er während seines dreitägigen Martyriums permanent das Lied »Brown Girl in the Ring« von Boney M. im Kopf hatte, obwohl er den Song gar nicht leiden konnte. Dieses Phänomen – wenn auch nicht unter derart extremen Bedingungen – kennen viele Berg- und Ausdauersportler. Monoton treten sie in die Pedale, fahren mit dem Mountainbike bergauf, laufen einen steilen Pfad in Richtung Gipfel oder klettern Griff um Griff. Währenddessen hat sich im Kopf eine Zeile, eine Melodie oder ein ganzes Lied eingenistet. Und so wiederholt es sich die ganze Zeit: »I'm on a Highway to Hell«, oder welcher Refrain sonst ins Ohr geschlüpft ist.

Dresscode

Der österreichische Alpinist Paul Preuß (1886–1913) galt als talentiertester Bergsteiger seiner Zeit und wird bis heute als Vordenker des Freikletterns verehrt. Preuß bestieg in seiner kurzen Schaffenszeit 1200 Gipfel in den Alpen, darunter waren zahlreiche Erstbegehungen. Er verabscheute den Einsatz von Seilen und pflegte angeblich einen ausgeprägten Krawattenfimmel. Bei seinen Bergtouren war er stets hervorragend gekleidet. Die Seidenkrawatten, die er trug, stimmte er farblich auf die Jahreszeit ab. Im Frühjahr band Paul Preuß sich grüne und blaue Krawatten um, im Sommer bevorzugte er gelbe und rote Binder, und im Herbst griff er zu braunen und grauen Exemplaren. Er verteidigte seinen Berg-Modestil einmal mit der Aussage, dass es sein Wohlbefinden steigere, wenn er einen Schlips trage. Und alles, was seinem Wohlbefinden förderlich sei, steigere auch seine Sicherheit am Berg. Paul Preuß stürzte am 3. Oktober 1913 im Alter von 27 Jahren tödlich an der Manndlkogel-Nordkante im Dachsteingebirge ab.

Zaghafte Schwärmerei

Der Philosoph und Pädagoge Jean-Jacques Rousseau sorgte im 18. Jahrhundert dafür, dass die Gegend um Bern in der Schweiz zu einem der beliebtesten Reiseziele Europas wurde. Die Berge, die zuvor als öde, lebensfeindliche Wüsten galten, erfuhren durch eine seiner Schriften einen Bedeutungswandel. Die Berge wandelten sich zum Gegenentwurf der verderbten Zivilisation. So schrieb Rousseau 1761 in »Briefe zweier Liebender aus einer kleinen Stadt am Fuße der Alpen«: »Alle Menschen werden die Wahrnehmung machen, dass man auf hohen Bergen, wo die Luft rein und dünn ist, freier atmet und sich körperlich leichter und geistig heiterer fühlt. [...] Es scheint, dass man, sobald man sich über die Wohnstätten der Menschen erhebt, alle niederen und irdischen Gefühle zurücklässt und dass die Seele, je mehr sie sich den ätherischen Regionen nähert, etwas von ihrer ursprünglichen Reinheit zurückerhält.«

Wandernde Wörter

Aus dem weiten Feld der Berge und des Bergsports haben einige deutsche Wörter ins Englische gefunden. Ein paar Beispiele: Abseiling, Rucksack, to schlep (für schleppen, etwas tragen).

Früh auf den Berg

Das Drachenloch (2427 Meter) ist die höchstgelegene Höhle in Europa, in der Spuren prähistorischer Menschen gefunden wurden. In der Grotte nah des Ortes Vättis im Schweizer Kanton St. Gallen entdeckte man Holzkohlereste. Diese lassen darauf schließen, dass dort vor etwa 50 000 Jahren Frühmenschen Schutz gesucht hatten. Der Zugang zu der Höhle ist einigermaßen beschwerlich. Wer auch immer sich damals im Drachenloch am Feuer wärmte, war sicher ein ganz passabler Bergsteiger.

Kohle im Eis

Die Inselgruppe Spitzbergen im Nordpolarmeer zeichnet sich durch karge Landschaften und ein raues Klima aus. Die Jahresdurchschnittstemperatur liegt bei minus 4,5 Grad Celsius. Sogar im Sommer liegt die meiste Zeit Schnee an den Küsten, nur für im Durchschnitt sechs Wochen verschwindet dieser. Bei diesen Bedingungen und der Tatsache, dass auf Spitzbergen viele hungrige Eisbären leben, ist es kein Wunder, dass lange Zeit kaum ein Mensch auf dem entlegenen Archipel wohnte. Um 1900 gründete man Siedlungen auf Spitzbergen, um

Kohle zu fördern. Die Berge dort enthalten viel von dem Rohstoff. Die Flöze lagen an vielen Stellen sogar so dicht an der Oberfläche, dass sie sehr leicht abzubauen waren. Spitzbergen galt damals als Niemandsland. So gründeten viele Staaten Europas Niederlassungen auf den Inseln. In den Zwanzigerjahren erwarb ein russischer Betrieb das Recht, in Pyramiden Kohle zu fördern. Ursprünglich war der Ort von Schweden gegründet worden. Zeitweise lebten in Pyramiden mehr als hundert Menschen, mehr Einwohner hatte kein anderer Ort auf den Inseln. Heute ist die Siedlung aufgegeben und verfällt. Seinen Namen verdankt Pyramiden den umliegenden Bergen, deren Formen der von geometrischen Pyramiden sehr nahe kommen. Auch die Namen der Berge spiegeln dies wider: Die Gipfel über den Kohleminen heißen Sfinxen, Luxor, Cheops und Pyramiden. Ein Stück antikes Ägypten im hohen Norden.

Die ersten Frauen auf den vierzehn Achttausendern

- Mount Everest, Junko Tabei, Japan, 1975
- K2, Wanda Rutkiewicz, Polen, 1986
- Kangchendzönga, Ginette Harrison, Großbritannien, 1998
- Lhotse, Chantal Maudit, Frankreich, 1996
- Makalu, Kitty Calhoun, USA, 1990

- Cho Oyu, Vera Komarkowa, Margita Sterbova, Tschechoslowakei, 1984
- Dhaulagiri, Lutgaarde Vivijs, Belgien, 1982
- Manaslu, Naoko Nakaseko, Masako Uchida, Meiko Mori, Japan, 1974
- Nanga Parbat, Liliane Barrard, Frankreich, 1984
- Annapurna, Vera Komarkowa, Tschechoslowakei, Irene Miller, USA, 1978
- Gasherbrum I, Marie-Jose Valençot, Frankreich, 1982
- Broad Peak, Krystyna Palmowska, Polen, 1983
- Gasherbrum II, Anna Okopinska, Halina Kruger-Syrokomska, Polen, 1975
- Shisha Pangma, Junko Tabei, Japan, 1981

Zwietracht und Eintracht

Der Concordiaplatz im Norden Pakistans wird auch als Herz des Karakorum bezeichnet. Am Fuß des K2 fließen zwei mächtige Eisströme zusammen, der Baltoro- und der Godwin-Austen-Gletscher. Zwei Briten reklamierten einst für sich, den Platz getauft zu haben: der Politiker und Bergsteiger William Martin Conway und der Egomane, Okkultist und Bergsteiger Aleister Crowley. Conway sah sich angesichts des gewaltigen Zusammenflusses der Eisströme an den Place de la Concorde und an den Konkordiaplatz in der Schweizer Jungfrauregion erinnert. Crowley behauptete, auch ihn habe der gleichnamige Gletscherzusammenfluss in den südlichen Berner Alpen zur Namensgebung inspiriert. Beide Männer beharrten stets auf ihrer Version.

Strahler

Als Strahler bezeichnete man einst Kristallsucher. Als reich verzierte Kristalllüster beim Adel und dem wohlhabenden Bürgertum in Mode gerieten, ließ dies die Nachfrage nach Bergkristall sprunghaft ansteigen. Die Strahler rückten aus und wurden in der Frühzeit des Alpinismus im 18. und 19. Jahrhundert gefragte Bergführer.

Bröselige Berge

Das 3934 Meter hohe Bietschhorn in den südlichen Berner Alpen ist einer der markantesten Gipfel der Gegend. Die beeindruckende Pyramide aus Granit gleicht jedoch mehr einem Schotterhaufen als einem soliden Berg. So schrieb schon der Brite Leslie Stephen, der den Berg am 13. August 1859 zusammen mit Joseph Siegen, Johann Siegen und Joseph Ebener als Erster bestieg, im *Alpine Journal:* »Der Berg bestand hier aus verwittertem Gestein, das unter jedem Tritte ausbrach. [...] Hie und da konnte man aufrecht gehen; an andern Stellen mussten wir uns mit Händen, Knien und Augenlidern anklammern.«

Sei hart und unbeweibt

Der Laibacher Chirurg, Anatom und Naturwissenschaftler Belsazar Hacquet galt im 18. Jahrhundert als einer der bekanntesten Gebirgsforscher der Ostalpen. Am Ende seiner Laufbahn fasste er seine Erfahrungen schriftlich zusammen und gab Bergsteigern darin den folgenden Ratschlag auf den Weg: »Der Bergsteiger soll allen nicht unumgänglichen Bedürfnissen entsagen, als Tabak, Wein, warmen Getränken, weichen Betten usw., auch womöglich unbeweibt sein, da er dadurch mehr Mut haben wird.«

Flugzeug-Unglück

Der Neuseeländer Sir Edmund Hillary verlor 1975 seine erste Ehefrau und seine damals sechzehnjährige Tochter Belinda bei einem Flugzeugabsturz nahe der nepalesischen Hauptstadt Kathmandu. Im Jahr 1989 heiratete der Erstbesteiger des Mount Everest June Mulgrew, die Witwe von Hillarys ehemaligem Expeditionspartner Peter David Mulgrew. Dieser war ebenfalls bei einem Flugzeugunglück ums Leben gekommen: 1979 zerschellte die Maschine, in der er saß, bei einem Rundflug über die Antarktis am Vulkan Mount Erebus.

Produktive Dichter

Der Geistliche Hans Rudolf Rebmann veröffentlichte im Jahr 1605 ein 642 Seiten starkes Buch über das *Gespräch zweier Berge.* Das Stockhorn und der Niesen am Thunersee in der Schweiz erscheinen wie zwei arg geschwätzige Berge: Sie unterhalten sich in 18 000 Versen zu je vier Zeilen.

Ein kümmerlicher Rest

Der Tafelberg von Kapstadt ist das Wahrzeichen der südafrikanischen Küstenstadt. Wie ein gigantischer Amboss beherrscht der Berg das Bild Kapstadts. Im Norden und Osten fallen die Steilwände bis in das Stadtzentrum fast senkrecht ab. An der Küste stürzen die Flanken des Tafelbergs beinahe senkrecht ins Meer. Bei guter Sicht ist der Berg aus mehr als hundert Kilometern Entfernung über den Ozean sichtbar, und doch geben Geologen der Erhebung einen eher despektierlichen Namen: Restberg. Das klingt eher nach Restmüll, und das ist der Tafelberg im geologischen Sinne beinahe. Einst war der Riese ein echter Gigant. Die Gipfel des Gebirgszugs waren mehr als 3000 Meter hoch, heute misst der höchste Punkt des Tafelbergs gerade einmal 1086 Meter. Doch seit etwa 180 Millionen Jahren nagt Erosion am Leib des Tafelbergs. Dass überhaupt noch Überreste des Gebirges zu sehen sind, verdankt der Tafelberg seinem Fundament aus widerstandsfähigem Granit und Quarzit.

Der dritte Mann

Über George Mallory und Andrew Irvine existieren unzählige Berichte. Die Legende der beiden Bergsteiger speist bis heute die Frage, ob die zwei Briten es 1924 auf den Gipfel des Mount Everest geschafft hatten, bevor sie am höchsten Berg der Welt starben. Die Geschichte der beiden verunglückten Bergsteiger verdrängte die unglaubliche Leistung eines Dritten im Bunde: Noel Odell. Dieser war für die Versorgung der Bergsteiger mit Sauerstoffflaschen bei der britischen Everest-Expedition von 1924 verantwortlich. Nachdem Mallory und Irvine vermisst waren, kämpfte sich Odell auf der Suche nach den zwei Kameraden selbst ohne künstlichen Sauerstoff durch die Berglandschaft. Dabei drang er binnen vier Tagen zweimal in Höhen von mehr als 8200 Metern vor, einmal sogar bis auf 8500 Meter. Insgesamt verbrachte er fast zwei Wochen in der Höhe und übernachtete elfmal auf mehr als 7000 Metern. Diese Leistung Odells, der 1936 zu den Erstbesteigern der Nanda Devi zählte, inspirierte spätere Bergsteiger dazu, ohne Zuhilfenahme von künstlichem Sauerstoff auf den höchsten Gipfel der Welt zu steigen.

Die Reinheit der Berge

Aus Spaß wurde Ernst. Der Schweizer Tourismusverband veröffentlichte am 1. April 2009 ein Video, in dem Felsenputzer für ihre Arbeit warben. Überall dort, wo Vögel mit ihrem Kot die Reinheit der Schweizer Gipfel befleckten, so hieß es, rückten die Felsenputzer mit Besen, Bürsten und Kletterausrüstung an, um den Fels wieder blank zu wienern. Kein noch so kleiner Vogelschiss entging den Adleraugen der schweizerischen Bergputzer in diesem satirischen Film. Angeblich sahen sich über hundert Millionen Nutzer das Video auf dem Internetportal YouTube an. Und etwa 30 000 Bewerber füllten einen Online-Eignungstest aus, um ihre Befähigung zum Felsenputzer zu demonstrieren. Entweder verstanden die Leute nicht, dass es sich um einen Spaß handelte, oder sie konnten sich tatsächlich nichts Schöneres vorstellen, als die Gipfel der Schweizer Berge sauber zu kratzen und zu schrubben. Der Andrang überzeugte Modeste Jossen, aus dem Aprilscherz Wirklichkeit werden zu lassen. Der Geschäftsführer der Luftseilbahn Engelberg-Brunni in der Zentralschweiz bot Felsenputzkurse an. Noch 2009 bildete er etwa dreißig alpine Reinigungskräfte aus deutschsprachigen Ländern aus. Ob eine Seilschaft in einer Bergputzkolonne nun Besenpaar genannt wird, ist noch unklar.